ADRIAN URBAN

Brainwalking

**Übungen für ein
besseres Gedächtnis**

WILHELM HEYNE VERLAG
MÜNCHEN

Umwelthinweis:
Dieses Buch wurde auf
chlor- und säurefreiem Papier gedruckt.

Originalausgabe 4/2001
Copyright © 2000 by Wilhelm Heyne Verlag GmbH & Co. KG, München
http://www.heyne.de
Printed in Germany 2001
Konzept und Realisation: Medienagentur Gerald Drews GmbH, Augsburg
Redaktion: Ortrun Huber
Umschlagillustration: © ZEFA/Masterfile
Umschlaggestaltung: Atelier Seidel, Altötting
Satz: Schaber Satz- und Datentechnik, Wels
Druck und Bindung: Presse-Druck, Augsburg

ISBN 3-453-18123-9

Inhalt

Vorwort   7

I. So funktioniert das menschliche Gedächtnis   11
1. Gehirn und Erinnerung   11
2. Kindheit und Gehirnentwicklung   14
3. Neue Erkenntnisse der Hirnforschung   15
4. Wort- oder Bilderinnerung: Was liegt Ihnen mehr?   17

II. Die drei Ebenen des Gedächtnisses   23
1. Unmittelbare Wahrnehmung   23
2. Kurzzeitgedächtnis   27
3. Langzeitgedächtnis   31

III. Interesse, Gefühl und Erinnerung   35
1. Interesse, Lernen und Evolution   37
2. Erinnerungen sind subjektiv   46
3. Wege zur besseren Konzentration   48

IV. Nicht nur Esel brauchen Brücken   53
1. Namen mit Informationen verbinden   54
2. Zahlenreihen speichern   58

3.	Sagen Sie es mit eigenen Worten	63
4.	Der Blick für das Wesentliche	66
5.	Begriffe durch Orte erinnern	74

V.	**Gespeichertes sicher abrufen**	**81**
1.	Gedächtnisstützen im Alltag	81
2.	Orte wiederfinden	85
3.	Mentale Blockaden meistern	88
4.	Souveräner Umgang mit Fehlern und Schwächen	95
5.	Tipps zur Prüfungsvorbereitung	102

VI.	**Ausblick: Lebenslanges Weiterlernen**	**111**

Vorwort

In seinem Roman »Worlds End« beschreibt der amerikanische Schriftsteller T. C. Boyle eine recht ungewöhnliche Methode zur Einprägung schwieriger Texte, die der nordamerikanische Indianerstamm der Kitchawanken im 17. Jahrhundert angewendet haben soll:
»(Der Krieger) Wasamapah war das Gedächtnis des Stammes. Jedes Mal, wenn eine Klausel des Vertrags (über den Landverkauf an die Weißen) vereinbart wurde, wählte er aus dem Haufen, der vor ihm auf der Erde lag, sorgfältig eine der Austern-, Venus- oder Miesmuscheln aus und fädelte sie auf eine lange Lederschnur. Jede Klausel, jede Bedingung, jeder Zusatz und jeder Nachtrag hatte seine eigene Muschel zur Kennzeichnung; und später, wenn der Staub sich über den riesigen Berg von ausgetauschten Geschenken gelegt hätte, würde Wasamapah den Rat der Ältesten zusammenrufen und ihnen wieder und wieder die Bedeutung jeder einzelnen abgestoßenen und rundgewaschenen Muschel erklären.«
(aus: T. C. Boyle: Worlds End. Carl Hanser Verlag, München, 1989)

Die beschriebene Technik ist hier zwar fiktiv, aber nach den aktuellen Konzepten der Gedächtnisforschung durchaus vorstellbar.

Eine Menge praktischer Übungen, durch die Sie alle Bereiche Ihres Gedächtnisses bewusst kennen lernen und trainieren können, finden Sie im vorliegenden Ratgeber. Einige dieser Übungen werden Sie überraschen, vergleichbar dem Auffädeln von Muscheln zur besseren Einprägung von Vertragsklauseln, andere wenden Sie vielleicht längst im Alltag an, ohne es zu wissen. Denn vielen Menschen fällt es gar nicht auf, wie effektiv ihr Gedächtnis in fast allen Situationen arbeitet, seine Leistungen sind ihnen selbstverständlich.

Kommt es aber einmal zu einem Aussetzer, haben manche Leute den Eindruck, ihre Erinnerung lasse sie vollkommen im Stich. Meist ist allerdings nur ein bestimmtes Teilgebiet vorübergehend nicht erreichbar. Wie Sie solche Schwierigkeiten sicher bewältigen, ist eines der Themen dieses Buches.

Die meisten hier vorgestellten Aufgaben beschäftigen sich mit der Wahrnehmung, der Organisation und dem Abruf von Informationen aus dem Gedächtnis, einfacher ausgedrückt, mit der Erhöhung von Aufmerksamkeit, Merk- und Erinnerungsfähigkeiten.

Andere Übungen trainieren Ihre Konzentration, sie befassen sich mit sinnvollen Lernstrategien oder dem Ausschalten von mentalen Störungsquellen beim Arbeiten.

Lesen allein genügt in diesem Falle nicht. Von der hoffentlich unterhaltsamen Lektüre werden Ihre Gedächtnisfertigkeiten nur dann profitieren, wenn Sie die über das Buch verteilten Aufgaben selbst ausprobieren. Ihre Neugier sollte hier der Maßstab sein, denn die Menschen merken sich vor allem, was sie auch interessiert. Wenn Sie Lust haben auf eine Entdeckungsreise in die eigene Erinnerung und Ihr Repertoire an Merkstrategien erweitern wollen, lade ich Sie zum »Brainwalking« ein.

Zunächst jedoch möchte ich Sie mit einem Grundriss aktueller Erkenntnisse zur Hirn- und Gedächtnisforschung vertraut machen, um wenigstens annäherungsweise die Frage klären zu können, wie unsere Erinnerung überhaupt funktioniert.

I.
So funktioniert das menschliche Gedächtnis

1. Gehirn und Erinnerung

Eine präzise Antwort auf die Frage, wie unser Gedächtnis arbeitet, wo Erinnerung gespeichert und auf welche Weise sie abgerufen wird, gehört zu den schwierigsten Problemen der heutigen Biologie. Dennoch konnten fächerübergreifend forschende Wissenschaftler in den letzten Jahren einige interessante Erkenntnisse zu diesem Thema zusammentragen.

Die physikalische Grundlage des menschlichen Gedächtnisses ist das Gehirn. Als entwicklungsgeschichtlich jüngster Teil unseres Zentralnervensystems gilt das Großhirn. In diesem Areal sind alle wichtigen Wahrnehmungs-, Denk- und Erinnerungsfunktionen angesiedelt.

Ohne unser Großhirn, das aus zwei Hälften oder Hemisphären besteht, wären höhere Gedächtnisleistungen nicht vorstellbar. Die linke Hirnhälfte steuert bei Rechtshändern vor allem logische Denkvorgänge und die sprachlichen Fähigkeiten, während die rechte Hemisphäre hier in den

Hintergrund tritt und die Speicherung von bildhaften wie räumlichen Eindrücken übernimmt. Bei Linkshändern ist es umgekehrt, in diesen Fällen dominiert die rechte Hirnhälfte im Alltag. Jede Großhirnhemisphäre ist für die willentliche Steuerung der ihr gegenüberliegenden Körperhälfte zuständig. Das führt uns gleich in die Praxis.

Übung: Trainieren Sie Ihre untergeordnete Hirnhälfte
Falls Sie Rechtshänder sind, versuchen Sie ab und an mit der linken Hand zu schreiben, gerne anfangs mit großen Blockbuchstaben. Wenn Sie Linkshänder sind, probieren Sie es mit der rechten. (Wichtig ist hier der spielerische Charakter der Übungen. Keinesfalls sollte etwa ein Kind zur Aufgabe seiner – angeborenen – Linkshändigkeit gezwungen werden.)
Auf die beschriebene Weise trainiert Ihre untergeordnete Hirnhälfte Fähigkeiten, die bisher nur die dominante Hemisphäre beherrscht hat – in gewissen Grenzen.
Den gleichen Effekt erreichen Sie auf der grobmotorischen Ebene, wenn Sie sich mit der anderen als der gewohnten Hand die Zähne putzen, den Staubsauger halten oder Unkraut jäten.

Insgesamt etwa 100 Milliarden Nervenzellen oder Neuronen finden sich in jedem menschlichen Gehirn. Jede einzelne dieser Zellen ist in der Lage, einige tausend Verbindungen (oder Synapsen) zu anderen Nervensträngen herzustellen und das Gehirn auf diese Weise mit sich selbst zu vernetzen.

Aktuelle medizinische Erkenntnisse deuten außerdem darauf hin, dass sich Neuronen lebenslang neu bilden können. Noch vor wenigen Jahren ging man davon aus, dieser Prozess sei bereits im Kindesalter abgeschlossen.
Eindrücke, die von unseren Sinnesorganen aufgenommen werden, aber auch innere Vorgänge, wie sie zum Beispiel bei Denkprozessen ablaufen, werden im Zentral-Organ auf elektrochemischem Wege weitergeleitet und verarbeitet. Besonders wichtig ist die Reizübertragung an den Nervenenden, durch die ein Neuron gleichzeitig etliche andere Nervenzellen aktivieren kann. Durch elektrische Veränderungen an den Synapsen werden Botenstoffe, so genannte Neurotransmitter, ausgeschüttet. Diese körpereigenen Substanzen ermöglichen das Einströmen anderer chemischer Verbindungen in die Nervenenden der Nachbarzellen, so dass sich die Erregung vielfältig fortsetzt.
Durch diese Aktivitäten werden kurz- oder langfristige einzelne synaptische Verbindungen verstärkt und elektrochemische Signale können die Schnittstellen zwischen den Neuronen so leichter überbrücken. Dadurch verändert sich die Feinstruktur des Großhirns für gewisse Zeit. Mit anderen Worten: Sie haben sich eine bestimmte Information kurzfristig oder über einen längeren Zeitraum gemerkt.

Für unser Thema ist vor allem wichtig, dass Sie einen der beim Einprägen »vorgebahnten« Wege auf der Ebene der Nervenzellen erneut gehen, wenn Sie diese Erinnerung aus Ihrem Gedächtnis abrufen wollen. Die Chance, eine ganz bestimmte Information wiederzufinden, ist also besonders groß, wenn Sie sie sich auf möglichst vielfältige Weise eingeprägt haben. Denn die Wahrscheinlichkeit, über einen von zwanzig Aspekten auf die gewünschte Erfahrung zu stoßen, ist deutlich höher, als wenn Ihnen nur ein einziger Hinweis zur Verfügung steht. Und durch seine vernetzte Struktur ist Ihr Gehirn besonders auf die Herstellung von Querverbindungen eingerichtet.

Ein Beispiel: Jemand wird Ihnen vorgestellt. Wenn Sie nun versuchen, sich ausschließlich den unbekannten Namen einzuprägen (und dabei keine der wirksamen Assoziationstechniken aus Kapitel IV einsetzen), haben Sie die Person normalerweise bald vergessen. Deutlich effektiver wäre die Strategie, die unterschiedlichsten Informationen der einzelnen Sinne miteinander zu verknüpfen, etwa Körpergröße, Haarfarbe, Haltung, Gestik, Stimme, Arbeitsbereich Ihres Gegenübers, die Art seines Händedrucks, seine sympathische oder weniger angenehme Ausstrahlung zusammen mit dem Nachnamen abzuspeichern. So können Sie auf ganz vielfältige Abrufwege zurückgreifen, wenn Ihnen der Name des anderen nicht sofort einfällt. Dazu aber später mehr.

2. Kindheit und Gehirnentwicklung

Auch wenn Nervenzellen in der Lage sind, ein Leben lang weiter zu wachsen oder sogar neu zu entstehen, so sind doch die ersten Jahre eines Kindes von entscheidender

Bedeutung für die Entwicklung der Hirnstruktur. Während das neuronale Grundgerüst zum Zeitpunkt der Geburt bereits feststeht, verästeln und verbinden sich die einzelnen Nervenstränge nach unterschiedlichen Mustern, je nachdem, welche Sinnesreize in der Umwelt des Säuglings vorherrschen. Kinder, mit denen in den ersten drei Lebensjahren sehr wenig gesprochen wurde, können ihre Defizite im Ausdruck und Verständnis von Sprache in den nächsten Jahrzehnten kaum noch ausgleichen.

Umgekehrt bedeutet das: Die Anregung aller Sinne eines Babys und die Befriedigung seiner natürlichen Neugier auf die Welt, getragen von einer liebevollen Beziehung zur Familie, ermöglichen eine optimale Fortentwicklung des kindlichen Gehirns.

Auch wird der so heranwachsende Mensch wahrscheinlich später einmal in vielen Fällen dazu in der Lage sein, sich auf neue Umstände einzustellen und in den verschiedensten Bereichen dazuzulernen. Neue Erkenntnisse der medizinischen Forschung sprechen außerdem dafür, dass die Gehirne der meisten Menschen bis ins hohe Alter flexibel bleiben.

3. Neue Erkenntnisse der Hirnforschung

Isabel Gauthier, Neurobiologin an der amerikanischen Vanderbilt University (Nashville, Tennessee), konnte beweisen, dass bestimmte Gebiete der Großhirnrinde dazu geeignet sind, ganz unterschiedliche Aufgaben zu übernehmen, in etwa vergleichbar mit der Festplatte Ihres Computers, auf der Sie Textdateien ebenso gut abspeichern können wie Grafiken, ausreichende Kapazitäten vorausgesetzt.

So erforschte die Wissenschaftlerin die Funktionsweise eines Gehirnsektors, der optische Reize verarbeitet und als »Gesichtsareal« bezeichnet wird, mit dem Positronen-Emissions-Tomographen (PET), einer Art Röntgengerät für den Schädelbereich. Dass dieses Gebiet des Großhirns zuständig ist für die Erkennung von Gesichtern, war bereits bekannt.

Gauthier stellte nun fest, dass das Gesichtsareal dazu in der Lage ist, die verschiedensten Aufgaben zu übernehmen, je nachdem, wofür sich die untersuchte Person interessiert: Hobby-Ornithologen identifizieren mit Hilfe dieser Hirnstruktur die einzelnen Vogelarten, Autoexperten nutzen dieselbe Region für den Vergleich von Kfz-Modellen.

Andere Großhirnbereiche entwickeln sich sogar beim Erwachsenen auf unterschiedliche Weise, abhängig von ihrem »Verwendungszweck«: Bei langjährigen Taxifahrern ist das Hirngebiet, das Hinweise zur räumlichen Orientierung bearbeitet, gegenüber der Durchschnittsbevölkerung erheblich vergrößert. Ein anderes Areal, normalerweise verantwortlich für die Wahrnehmung optischer Reize, wird von Sehbehinderten zur Verarbeitung der ertasteten Blindenschrift verwendet. Manche Gehirnregio-

nen können sich also sogar von einem Sinn auf den anderen umstellen, wenn es erforderlich ist.
Viele Bereiche unseres Denkorgans sind also nicht auf bestimmte Aufgaben spezialisiert. Vielmehr gleicht unser Gehirn einer Werkzeugkiste, deren Inhalt sich für unterschiedliche Zwecke eignet, so die Neurobiologin Gauthier. Nicht das zentrale Nervensystem setze den Menschen Grenzen, sondern die Zeit, die sie benötigen, um sich neues Wissen zu erschließen, und die Effektivität ihrer Lernstrategien.

4. Wort- oder Bilderinnerung: Was liegt Ihnen mehr?

Gedächtnisleistungen spielen in allen Bereichen des Lebens eine Rolle und können sämtliche Sinnesmodalitäten betreffen, ob nun ein bestimmter Duft vielfältige Eindrücke eines fast vergessenen Urlaubsortes zurückruft oder der Geschmack einer Mahlzeit Erinnerungen an den ersten Restaurantbesuch mit der großen Liebe auslöst.
Andere Gedächtnisqualitäten sind im Alltag relevanter und hier hat jeder Mensch seine ganz individuellen Stärken und Schwächen.
Manch einer kann schnell und effektiv Sachen reparieren, ein Instrument oder eine Sportart in kurzer Zeit erlernen. Er hat ein gutes motorisches Gedächtnis, was bedeutet, dass es ihm leicht fällt, sich komplexe Bewegungsabläufe

einzuprägen und wieder abzurufen. Ein anderer ist nicht so geschickt, hat aber ein ausgeprägtes räumliches Vorstellungsvermögen. Es gelingt ihm also mühelos, einen bestimmten Ort wiederzufinden, in einer neuen Stadt kennt er sich bald gut aus. Einer dritten Person fällt die Orientierung im Raum vielleicht eher schwer, sie kann sich dafür problemlos Zahlenreihen merken, ob neue Telefonnummern, Börsennotierungen oder Bankverbindungen, und hat damit ein effizientes Zahlengedächtnis.

Wenn Sie möchten, schätzen Sie einmal Ihre eigenen Fähigkeiten auf den bisher dargestellten Gedächtnisgebieten ein, also

- motorische Erinnerung (oder grob- bzw. feinmotorische Geschicklichkeit und Koordination)
- Orientierungssinn (oder räumliches Vorstellungsvermögen)
- Zahlengedächtnis

Um eine gute Vergleichbarkeit zu gewährleisten, können Sie für solche Selbstbeurteilungen jeweils eine Skala von null (= »in diesem Bereich traue ich mir nichts zu«) bis zehn (= »dieses Gebiet beherrsche ich hervorragend«) verwenden. So ließe sich am Ende Ihres »Brainwalking«-Übungsprogramms durch eine zweite Einschätzung feststellen, ob sich Ihr Gedächtnis subjektiv verbessert hat. Auf die gleiche Weise können Sie auch noch mit anderen Aspekten der Erinnerung verfahren: dem visuellen und dem verbalen Gedächtnis.

Da in unserer Kultur dem Gesichts- und dem Hörsinn erhebliche Bedeutung zukommt, unterscheiden Wissenschaftler Personen, die sich besonders gut an optische Informationen erinnern (visueller Typ) von solchen, denen der Zugang zu akustischen, also vor allem sprachlichen (aber auch musikalischen) Inhalten leichter fällt (auditiver Typ). In den Industriestaaten speichern ca. 60 Prozent der Bevölkerung bevorzugt visuelle Reize ab, den anderen 40 Prozent gelingt die Verarbeitung verbaler Inhalte besser.

Ob Sie zur einen oder zur anderen Gruppe gehören, können Sie ohne weiteres selbst feststellen. Versuchen Sie sich zunächst an die Gesichter Ihrer Lieblingsschauspieler zu erinnern, ob aus Kino, Theater oder TV. Fällt Ihnen diese Aufgabe eher leicht? Dann erforschen Sie Ihre visuellen Fähigkeiten weiter, indem Sie an die optischen Merkmale Ihrer wichtigsten Freunde und Verwandten denken. Sollte die betreffende Person innerhalb kurzer Zeit und ohne weitere Anstrengung vor Ihrem »inneren Auge« stehen, es Ihnen jedoch nicht unbedingt problemlos gelingen, diese fast sichtbaren Eindrücke in angemessene Worte zu fassen, gehören Sie wahrscheinlich zu den hauptsächlich visuell erinnernden 60 Prozent. Überprüfen Sie diese Selbsteinschätzung, indem Sie Ihr Lieblingsbuch oder Ihre Lieblingsgeschichte aus dem Gedächtnis abrufen: Sehen Sie hierbei als Erstes den Umschlag oder eine Illustration vor sich? Vielleicht erscheinen auch zunächst Titel bzw. Autor oder andere

Textmerkmale. Wenn Letzteres zutrifft, sind Sie vermutlich eher ein auditiver Typ.
Stellen Sie fest, ob diese Hypothese zutrifft. Wir bleiben noch ein wenig bei Ihrer liebsten Geschichte. Können Sie den Kerninhalt gut spontan in ein paar Worten zusammenfassen? Probieren Sie es aus.
Erinnern Sie sich jetzt an Ihre Schulzeit zurück. Ist es Ihnen damals relativ leicht gefallen, Gedichte auswendig zu lernen? (Auch Nikolausgedichte oder Lieblingssongs zählen hier.) Prüfen Sie nach, ob es Ihnen noch gelingt, einen dieser Texte wenigstens teilweise aufzusagen. Wenn Sie die letzten Aufgaben ohne Schwierigkeiten bewältigen konnten, mit den optischen Vorstellungsübungen jedoch ein bisschen Mühe hatten, bevorzugen Sie vermutlich die verbale oder auditive Erinnerung.
Falls Sie gar beide Bereiche, die visuelle und die akustische Verarbeitung, gut beherrschen, umso besser. Im wahrscheinlicheren Fall, wenn Sie gerade festgestellt haben, dass Sie entweder zur einen oder zu der anderen Gruppe gehören: Berücksichtigen Sie Ihre Erkenntnisse beim Training Ihres Gedächtnisses. Sie sollten daran denken, dass Sie auch auf Gebieten, die nicht zu Ihren Erinnerungs-Stärken gehören, Fortschritte machen können. Das wird Sie allerdings oft mehr Zeit und Konzentration kosten, als wenn Sie Ihre Gedächtnis-Schwerpunkte gezielt zum Einsatz bringen. Davon unabhängig, kann es auch einfach Spaß machen, die Welt mit allen Sinnen zu erfahren.

Übung: Genussvoll wahrnehmen

Wenn Sie Lust haben, erholen Sie sich ab und zu bei einem schönen Bad, ob allein oder mit dem Partner. Verwenden Sie alle möglichen sensorischen Anregungen: Schaumbad, ätherische Öle, Räucherkerzen, Musik – je nachdem, was Ihnen gefällt. Nehmen Sie alles intensiv mit Ihren Sinnen wahr und lassen Sie sich viel Zeit dafür. Eine andere, meditative Entspannungsmethode lernen Sie in Kapitel III kennen.

II.
Die drei Ebenen des Gedächtnisses

1. Unmittelbare Wahrnehmung

Wissenschaftler unterteilen das menschliche Gedächtnis in drei unterschiedliche Bereiche, wobei nur die subjektiv wichtigsten Informationen von einer Stufe zur nächsten weitergeleitet werden. Den größeren Teil der aufgenommenen Informationen vergessen wir sofort. Jede Erinnerungsebene filtert also nur bestimmte Wahrnehmungen heraus und ignoriert den Rest.

Kurz- und Langzeitgedächtnis möchte ich Ihnen in den nächsten Kapitelabschnitten vorstellen. Zunächst jedoch soll es um die erste Erinnerungsstufe nach der Aufnahme von Eindrücken durch die Sinnesorgane gehen. Diese Ebene wird Unmittelbares Wahrnehmungsgedächtnis (UWG) oder auch sensorisches Gedächtnis genannt. Eine langfristigere Speicherung ist nur möglich, wenn die Verarbeitung auf der ersten Ebene funktioniert.

Informationen werden in bits gemessen, wobei ein bit einem Schalter entspricht, der nur auf »Ein« oder »Aus« (bzw. 1 oder 0) stehen kann. Augen, Ohren, der Tastsinn usw. sind dazu in der Lage, über 500 Millionen bits pro Sekunde aufzunehmen. Von dieser gewaltigen Anzahl werden allerdings nur höchstens 16 bit in der Sekunde durch das sensorische Gedächtnis wahrgenommen, mehr oder weniger bewusst. Diese maximale Verarbeitungsspanne geht mit dem Alter zurück, was viele Senioren jedoch durch ihren größeren Erfahrungsschatz ausgleichen können.

Die Vorauswahl durch das UWG macht durchaus Sinn. Andernfalls wären Sie etwa im Kino die ganze Zeit über mit der Verarbeitung irrelevanter Informationen beschäftigt. Zum Beispiel damit, wie es sich anfühlt, auf Ihrem Sessel zu sitzen, oder mit dem äußerlichen Erscheinungsbild der Zuschauer in den vorderen Reihen. In jedem Fall wären Sie nicht mehr dazu in der Lage, sich auf die Filmhandlung zu konzentrieren. Vergleichbares beim Autofahren kann lebensgefährlich sein.

Viele Gedächtnisprobleme haben ihre Ursache in solchen Ablenkungen durch äußere oder innere Reize. Wie Sie mit diesen Störungen konstruktiv umgehen können, erfahren Sie in Kapitel V.

Andere Gründe für eine verringerte Aufmerksamkeit gegenüber bestimmten Außenwahrnehmungen liegen im mangelnden Interesse für den Gegenstand (hierzu auch Kapitel III) und an fehlenden Differenzierungs- bzw. Assoziationsmöglichkeiten (siehe Kapitel IV). Etwa wenn Sie versuchen sollten, eine beliebige Seite des Telefonbuchs auswendig zu lernen: Die dort stehenden Namen sind einander oft so ähnlich, dass Sie durcheinanderkommen würden. (Psychologen nennen dies das Gesetz der Ähnlichkeitshemmung. Es besagt, dass es sehr schwierig ist, kaum unterscheidbare Inhalte erfolgreich abzuspeichern.) Überdies wäre die Bewältigung der dargestellten Aufgabe sicherlich furchtbar langweilig, ebenfalls keine gute Grundlage für die langfristige Archivierung im Gedächtnis. Die manuelle Eingabe eines handschriftlich entworfenen Textes in den Computer ist ein typisches Beispiel für die effektive Arbeit Ihrer Unmittelbaren Wahrnehmung. Jedes Wort bleibt gerade so lange in Ihrem Bewusstsein, bis Sie es eingetippt haben, um dann dem nächsten Platz zu machen. Durch die fortlaufende »Überschreibung« der nicht mehr aktuellen Informationen mit neuen Inhalten wird Ihre erste Speicherungseinheit, die Unmittelbare Wahrnehmung, nicht mit Überflüssigem verstopft. Deren Wirkungsdauer beträgt dementsprechend nur ungefähr eine Sekunde.

Die meisten Erfahrungen, die Ihr sensorisches Gedächtnis kurzzeitig registriert, bleiben unbemerkt. Wie Sie durch bewusstes Lenken Ihrer Aufmerksamkeit einen Teil der sonst oft ignorierten Eindrücke mitbekommen können, zeigt die nächste Übung.

Übung: Das Unmittelbare Wahrnehmungsgedächtnis bewusst erleben

Um sich die Differenzierungsfähigkeiten Ihres sensorischen Gedächtnisses auf verschiedenen Gebieten zu veranschaulichen, müssen wir den normalerweise dominanten Gesichtssinn für kurze Zeit auszuklammern. Verbinden

Sie also Ihre Augen mit einem Tuch und setzen Sie sich an Ihren Schreibtisch. (Bedingung: keine gefährlichen Objekte darauf.) Ertasten Sie die einzelnen Gegenstände, achten Sie auf die entstehenden Geräusche, riechen Sie an einigen Dingen und versuchen Sie, den vorübergehenden Sichtverlust über Ihre anderen Sinne auszugleichen. Finden Sie heraus, um was es sich jeweils handelt (hierbei setzen Sie übrigens auch Kurz- und Langzeitgedächtnis ein), und richten Sie Ihre Aufmerksamkeit auch ab und zu auf Ihre Körperempfindungen.

Diese Übung ist auch in einem Raum ohne »Stolperfallen« oder andere potenziell gefährliche Objekte durchführbar. Ertasten Sie in diesem Falle die einzelnen Gegenstände an den Zimmerwänden. Lassen Sie sich ein bisschen Zeit für die ungewohnte Erfahrung. Prüfen Sie anschließend, ob am Schreibtisch oder in einem geeigneten Raum, ohne Augenbinde nach, ob Ihre Wahrnehmungen zutrafen. Wenn nicht: Was hat Sie in die Irre geführt?

Übung: Die Natur mit verbundenen Augen erfahren

Eine wichtige Voraussetzung für die Durchführung der nächsten Aufgabe ist, dass Sie den Mut haben, für ein paar Minuten die Kontrolle über Ihre Orientierung an eine vertraute Person abzugeben, sei es die Ehefrau, ein guter Freund oder eine Freundin.

Wenn Sie sich trauen, bitten Sie diesen Menschen auf einem Spaziergang durch die Natur darum, Sie mit verbundenen Augen eine Zeit lang herumzuführen. Wichtig ist hier, dass Sie sich vollkommen sicher fühlen, dass sich Ihr Begleiter nicht zu schnell bewegt und dass er es vorher ankündigt, wenn er Sie etwa einen Baum oder eine Blume berühren lässt.

Nehmen Sie in dieser ungewohnten Situation möglichst vielfältige Umwelteinflüsse wahr und versuchen Sie, den vorübergehenden Verlust der Sicht über die anderen Sinne auszugleichen. Riechen, hören und tasten Sie bewusst. (Ihre Begleitung sollte natürlich immer darauf achten, dass Sie nichts Unangenehmes berühren.) Registrieren Sie außerdem in allen Einzelheiten, wie Sie sich in dieser Situation fühlen, sozusagen als Blinder mit einem Blindenführer. Wenn Sie und die vertraute Person Lust haben, können Sie danach für einige Minuten die Rollen tauschen.

Analoge Erfahrungen lassen sich sammeln, wenn Sie Ihren Gehörsinn vorübergehend mit Ohrstöpseln ausschalten und einen kleinen Spaziergang machen. Konzentrieren Sie sich bei diesem Experiment ebenfalls auf die übrig gebliebenen Sinne. Alle beschriebenen Aufgaben trainieren auch die Flexibilität Ihres Denkorgans.

2. Kurzzeitgedächtnis

Die nächsthöhere Ebene der Erinnerung ist das Kurzzeitgedächtnis (KZG). Vergleichbar mit dem Arbeitsspeicher eines Computers, ist das KZG dazu in der Lage, maximal sieben Informationseinheiten aus der größeren Datenmenge der Unmittelbaren Wahrnehmung herauszufiltern und höchstens fünf Sekunden lang zu behalten. Je nach angewandter Merkstrategie beim kurzzeitigen Abspeichern werden die Eindrücke anschließend auf Dauer im Langzeitgedächtnis (LZG) archiviert und können mit früher gemachten Erfahrungen angereichert werden.

Neue Erfahrungen lassen sich durch einfache Wiederholung vom Kurzzeit- in den Langzeitspeicher übertragen, oder aber – und das funktioniert deutlich besser – indem man sie mit Gefühlen, Gedanken oder visuellen Vorstellungen verknüpft. Auf diese Weise geben Sie den Sinneseindrücken eine subjektiv sinnvolle Struktur, was ein dauerhaftes Einprägen sehr erleichtert.

Zum Teil laufen diese Vorgänge aber auch unbewusst ab. Vergleichen Sie einmal die Fülle von Erinnerungen an einen Tag, der für Sie besonders wichtig war, etwa Ihre Abschlussprüfung, die Hochzeit oder den bestandenen Führerschein, mit dem, was Ihnen noch vom letzten Tag im Gedächtnis geblieben ist, an dem Sie sich so richtig gelangweilt haben. Die erste Erinnerung wird vermutlich wesentlich facettenreicher und auch präsenter sein als die zweite, selbst wenn sie viel länger zurückliegt. Wichtiges und Interessantes nimmt mehr Speicherplatz ein als Unwesentliches oder dauernde Wiederholungen (siehe dazu auch Kapitel III).

Doch zurück zum Kurzzeitgedächtnis. Dessen Wirkungsweise können Sie durch ein weiteres Experiment kennen lernen.

Übung: Erinnern durch Wiederholung
Die einfachste, wenn auch nicht besonders effektive Methode einer Weiterleitung von unmittelbaren Wahrnehmungen über den Kurzzeitspeicher ins Langzeitgedächtnis ist die Wiederholung. Versuchen Sie sich die folgende Telefonnummer dadurch zu merken, dass Sie sie Ziffer für Ziffer in Gedanken rekapitulieren, eine Minute lang. Anschließend decken Sie die nächste Seite mit einem Blatt Papier ab, warten einen Moment und schreiben schließlich auf, woran Sie sich noch erinnern, den Anteil also, den Ihr Kurzzeitgedächtnis erfolgreich »konservieren« konnte. (Durch die dauernde Wiederholung der Inhalte lässt sich die maximale Kurzzeitspeicherdauer über die Grenze von fünf Sekunden hinaus verlängern.)

039325 24310

Da Ihre KZG-Kapazität höchstens sieben Einheiten umfasst, die Nummer jedoch aus elf Ziffern besteht, ist es sehr wahrscheinlich, dass Sie nicht alle Zahlen in Erinnerung behalten konnten.

Besser funktioniert die Bildung von Unter-Einheiten, also eine Zusammenfassung von zwei oder drei Ziffern zu maximal sieben mehrstelligen Zahlen. (Die Menge der bits pro Einheit erhöht sich hier, denn nur die Anzahl der Unterabteilungen Ihres Kurzzeitspeichers ist begrenzt, nicht deren Informationsgehalt.) Das können Sie mit dieser ebenfalls elfstelligen Telefonnummer ausprobieren:

06423 519853

Unterteilen Sie diese Ziffernfolge zunächst in nicht mehr als sieben Zahlen, zum Beispiel **0** (entsprechend einem Ferngespräch), **64**, **23**, **519** und **853** – je nachdem, welche Aufteilung Ihnen am logischsten erscheint. Wiederholen Sie die einzelnen Nummerneinheiten ebenfalls eine Minute lang in der richtigen Reihenfolge. Dann decken Sie die Seite ab, machen wieder eine kurze Pause und versuchen Ihre Erinnerungen zu Papier zu bringen.

Da Sie die Höchstkapazität Ihres Kurzzeitgedächtnisses bei diesem Teil des Experiments berücksichtigt haben, dürften Ihnen jetzt mehr Ziffern in Erinnerung geblieben sein als beim ersten Versuch. Außerdem konnten Sie sich vermutlich die aufeinander folgenden Zahlen **2 3** (oder **4 2 3**) gut einprägen, da Sie in dieser eigentlich zufälligen Nummernfolge eine Regelmäßigkeit entdeckt haben.

Die eben dargestellte Merktechnik ist aber nur wirksam, wenn Sie sich nicht ablenken lassen, also die ganze Zeit über mit Ihrer Aufmerksamkeit bei der Zahlenfolge bleiben. Sollten Sie hierbei unterbrochen werden, müssten Sie von vorn anfangen. Vielleicht haben Sie sich über so etwas schon einmal geärgert. Etwa wenn Ihnen gerade eine Bandansage die neue Telefonnummer Ihres Anwalts durchgegeben hat und Sie mangels eines Stiftes dazu gezwungen waren, die Ziffern in Gedanken zu wiederholen, um sie sich einzuprägen. Da genügt dann eine Feuerwehrsirene und alles ist vergessen.

Falls das, was Sie sich merken wollen, subjektiv mehr Sinn macht als willkürliche Zahlenfolgen, kann sich die einfache Wiederholung hingegen in einigen Fällen bezahlt machen. Ein Beispiel wäre das Erlernen eines gereimten Gedichtes oder eines Liedtextes, was eher auditiv veranlagten Menschen relativ leicht fällt.

Beim Rekapitulieren der einzelnen Strophen werden Sie sich wahrscheinlich bestimmte Formulierungen einprägen, außerdem erinnert Sie das Ende einer Zeile an den Schlussreim der nächsten. Assoziative Verbindungen (oder »Eselsbrücken«) bilden sich hier fast von allein, und beim Wiederabruf können Sie sich dann von diesen Merkhilfen leiten lassen (siehe auch Kapitel IV).

3. Langzeitgedächtnis

Für die dauerhafte, manchmal lebenslange Archivierung von Erfahrungen ist das Langzeitgedächtnis (LZG) verantwortlich. Diese Form der Weiterleitung dauert ihre Zeit: Höchstens 0,05 bit der Inhalte des Kurzzeitgedächtnisses werden pro Sekunde in den Langzeitspeicher überführt und dort mit bereits vorhandenem Wissen verbunden. Das gelingt umso besser, je konkreter und subjektiv bedeutungsvoller die Dinge sind, die Sie sich einprägen wollen. Wichtige Begegnungen, der Tag des großen Umzugs oder die ernste Krankheit einer Tante bleiben Ihnen ohne jedes Gedächtnistraining in Erinnerung, ganz im Gegensatz zu langen, sinnlosen Zahlenkolonnen oder öden Vokabelreihen. (Warum das so ist, wird in Kapitel III erklärt.) Kompliziertes oder Langweiliges lässt sich folglich am besten merken, wenn Sie es anschaulich werden lassen. Bedeutungsloses Lernstoff sollten Sie so umformen, dass sich bei den Dingen, an die Sie sich erinnern wollen, sinnvolle Zusammenhänge ergeben.

Zum Beispiel waren Sie bei der zweiten Telefonnummer-Übung mit großer Wahrscheinlichkeit dazu in der Lage, sich die Zahlenfolge **23** zu merken, obwohl die scheinbare Regelmäßigkeit rein zufällig auftrat. Den Zusammenhang zwischen beiden Ziffern haben Sie also selbst hergestellt. Eine solche Verknüpfung zwischen eigentlich unverbundenen Objekten ist die Grundlage der meisten Merktechniken.

In manchen Fällen genügt es aber schon, die eigene Konzentration als Grundlage des sensorischen Gedächtnisses bewusst auf normalerweise nicht beachtete Aspekte der Umgebung zu richten, um später eine Fülle zusätzlicher Informationen aus dem Langzeitgedächtnis abrufen zu können. Und in vielen Fällen verbergen sich deutlich mehr Informationen in Ihrem Kopf, als Sie wahrscheinlich vermuten würden. Vergleichbar einer Bibliothek, die ihre Bestände teilweise sofort verleiht, manche Bücher aber zunächst beim Magazin anfordern muss, was dann ein bisschen mehr Zeit in Anspruch nimmt. Das können Sie – nun ohne verbundene Augen oder zugestöpselte Ohren – selbst ausprobieren.

Übung: Nebenaspekte erfolgreich ins Gedächtnis rufen

Zunächst möchte ich Sie darum bitten, sich ein paar Minuten lang die letzte Begegnung mit einem Menschen, der Ihnen besonders wichtig ist, zu vergegenwärtigen. Das kann eine gute Freundin sein, der Lebensgefährte oder die Schwester, jedoch unter der Voraussetzung, dass dieses Treffen mindestens einen Tag zurückliegt.
Notieren Sie Ihre Erinnerungen an den äußerlichen Eindruck der betreffenden Person (also Frisur, Augenfarbe, Schuhe, Brille, wenn vorhanden; Bekleidung usw.) auf einen Zettel, bis Ihnen nichts mehr einfällt.
Vor allem den Männern wird nachgesagt, dass sie in eher geringem Maße auf solche »nebensächlichen« Aspekte ihrer Umgebung achten.

Beim zweiten Teil des Experiments erhöhen Sie die Anzahl der Abrufwege, die Sie verfolgen. So können Sie feststellen, ob sich noch andere Erinnerungen an das Aussehen Ihres Bekannten im Langzeitspeicher »verstecken«. Denken Sie noch einmal an die letzte Begegnung mit diesem Menschen zurück. An welchem Tag, zu welcher Zeit und an welchem Ort fand das Treffen statt? Wie war das Wetter damals? Was haben Sie zusammen unternommen? Erinnern Sie sich an den Verlauf der Kommunikation und die behandelten Themen? Was wurde gegessen oder getrunken? Wie haben Sie sich bei der Begegnung gefühlt, wie ging es Ihrem Gesprächspartner? Gab es Konflikte oder war die Stimmung eher gelöst? Welche Gedanken gingen Ihnen durch den Kopf? Was für Eindrücke haben Ihre Ohren, Ihr Tastsinn, die Nase und der Geschmackssinn aufgenommen? Was war an dem betreffenden Tag sonst noch wichtig, wie haben Sie die Stunden vor dem Treffen verbracht?

Nach diesem ausführlichen Rekapitulieren des Ereignisses konzentrieren Sie sich noch einmal auf das äußerliche Erscheinungsbild Ihres Bekannten während der letzten Begegnung und skizzieren Ihre Beobachtungen stichpunktartig auf ein anderes Blatt Papier.

Richten Sie Ihre Aufmerksamkeit hierbei wieder auf sämtliche Aspekte des Aussehens, die Ihnen ins Bewusstsein kommen. Danach vergleichen Sie beide Zettel miteinander. Vermutlich sind Ihre nachfolgenden Erinnerungen ein gutes Stück vielfältiger, vielleicht auch präziser ausgefallen als die spontanen Notizen, da Sie sich im zweiten Teil der Übung intensiv und systematisch mit den verschiedensten Sinneswahrnehmungen beschäftigt haben. Auf diese Weise gelang es Ihnen, sich etliche zusätzliche Abrufwege ins Langzeitgedächtnis zu erschließen. Das fällt für gewöhnlich besonders leicht, wenn Sie das Ereignis interessiert und emotional berührt hat.

Wenn Sie möchten, lenken Sie Ihre Konzentration beim nächsten wichtigen Treffen ab und zu auf Merkmale in Ihrer Umgebung, die sonst weniger beachtet werden. Sie werden erstaunt sein, an wie viele Einzelheiten Sie sich anschließend erinnern können.

III.
Interesse, Gefühl und Erinnerung

Gewöhnlich fällt es uns leicht, uns Erlebnisse einzuprägen, die wir interessant finden und die uns emotional bewegen, also Gefühle wie Freude, Lust, Angst, Traurigkeit, Ärger oder Scham auslösen. Ein Beispiel: Viele Menschen erinnern sich, wenn sie an ihre Kindheit denken, vor allem an Erfahrungen, die mit starken Emotionen verbunden waren, etwa an die Freude und die Aufregung am ersten Schultag, Trauergefühle bei der Beerdigung des geliebten Großvaters oder Stunden voller Begeisterung, die sie mit ihrem Hobby verbrachten.

Sehr viel schwieriger ist es hingegen, sich Eindrücke zu merken, die sich immerzu wiederholen oder für den Betrachter langweilig sind. Wiederholte Abläufe werden normalerweise automatisiert. Das heißt, motorische Prozesse aus dem Gedächtnis werden abgerufen, woraufhin alles Weitere dann ohne bewusste Kontrolle funktioniert. Ihrer Beobachtung bleibt so Zeit für andere Dinge. Zum Beispiel beim Autofahren: Schalten, Bremsen und Gasgeben funktionieren fast automatisch, was auch bedeutet, dass Sie sich diese Vorgänge, nachdem Sie sie erlernt haben, auch nicht mehr bei jedem Ablauf einprägen werden – wenn man von Pannen und Unfällen absieht. Der Vorteil liegt hier auf der Hand: Unterstützt durch die Routine, können Sie Ihre Aufmerksamkeit auf den Verkehr, auf die räumliche Orientierung und auf unvorhergesehene Ereignisse richten.

All das wird nur dann zum Problem, wenn Sie eine Gewohnheitshandlung an veränderte Umweltbedingungen anpassen wollen, etwa beim Wechsel von einem Schalt- zu einem Automatikgetriebe bzw. vom »Zwei-Finger-Suchsystem« zum Tippen mit zehn Fingern. In diesen Fällen kann die Routine leicht zum Handicap werden, denn sobald Sie einmal Ihre Handlungen nicht bewusst kontrollieren, sind Sie wieder sehr schnell beim ursprünglichen System. Beim ersten Beispiel werden Sie vielleicht Ihre Hand immer dann am Automatikhebel haben, wenn Sie sonst den Gang gewechselt hätten.

Umlernen erfordert oft mehr Zeit und Geduld als Neulernen. Das sollten Sie berücksichtigen. Viele Übungen in diesem Buch trainieren allerdings die Fähigkeit, sich auf Neues einzustellen, so auch die folgende.

Übung: Routine im Alltag durchbrechen
Wenn Ihnen die ewig gleichen Abfolgen in Arbeit und Freizeit auf die Nerven gehen: Verändern Sie ein paar Gewohnheiten. Sollten Sie sonst immer um zwölf Uhr in der Kantine essen, warum gehen Sie nicht zur Abwechslung

einmal um 13 Uhr in ein nettes Restaurant in Ihrer Gegend? (Vorausgesetzt natürlich, dass es sich mit Ihren beruflichen Pflichten vereinbaren lässt.)
Sie können Arbeitsvorgänge verändern, einen anderen Weg nach Hause nehmen oder etwas ganz Besonderes kochen, je nachdem, in welchen Bereichen Ihnen die an sich ja sehr nützlichen Automatismen zu eingeschliffenen Gewohnheiten geworden sind. Dass ein solches Vorgehen sich nicht empfiehlt, wenn Sie noch dabei sind, einen bestimmten Handlungsablauf kennen zu lernen, auf dem betreffenden Gebiet also noch keine Routine entwickeln konnten, versteht sich von selbst.

1. Interesse, Lernen und Evolution

Es wurde eben schon angedeutet: Für uns sind alle Erfahrungen interessant, die intensive Gefühle auslösen. (Dass sich manch einer an viele Details von Erfahrungen, die negative Gefühle verursacht haben, nicht mehr erinnern kann, liegt an Verdrängungsprozessen, die später einsetzen.) Dass wir uns emotional bedeutsame Ereignisse so viel besser merken können als ganz alltägliche Situationen, hat einen Sinn, der tief in der menschlichen Entwicklungsgeschichte verwurzelt ist und in steinzeitliche Epochen zurückreicht.
Selbst im Primatenreich ist es überlebenswichtig, aus emotional belastenden Erfahrungen, aber auch aus Erleb-

nissen, die positive Gefühle auslösen, zu lernen. Etwa festzustellen, dass ein junges Krokodil keine leichte Beute ist, sondern bei der Jagd auf den Nachwuchs Gefahr durch das Muttertier droht. Auch den Geschmack und das Aussehen einer ungenießbaren Frucht gilt es sich gut einzuprägen, um das nächste Mal die grässlichen Bauchschmerzen zu vermeiden.

Steinzeitmänner (ganz ähnlich den Gorillamännchen) erinnerten sich bestimmt noch jahrelang an den glücklich bestandenen Zweikampf mit einem Rivalen um die Gunst einer haarigen Frau. Eine ähnliche Technik hätten sie wahrscheinlich auch in den darauf folgenden Kämpfen eingesetzt. Sollte dieses Prinzip irgendwann einmal versagen, ließe sich aus dem verlorenen Streit wiederum für die Zukunft lernen: So nicht!

Hingegen spräche lernpsychologisch wenig dafür, Gedächtnis-Speicherplatz mit Wiederholungen von bekannten Abläufen zu belegen. Denn daraus lässt sich nichts lernen. Das Gleiche gilt für Momente furchtbarer Langeweile. Beides zeichnet sich auch dadurch aus, dass es keine starken Gefühle aktiviert. Die Folge: Es bleibt Ihnen kaum etwas im Gedächtnis, denn Emotionen sind auch auf der neurophysiologischen Ebene ein entscheidender Erinnerungsverstärker.

Für das »Brainwalking« haben diese wissenschaftlichen Erkenntnisse einige Konsequenzen. Versuchen Sie den Stoff so interessant wie möglich aufzubereiten, wenn Sie etwas lernen wollen. Ein bestimmtes Wissensgebiet erschließen Sie sich am effektivsten, wenn Sie sich von Ihrem subjektiven Interesse und Ihrer Neugier leiten lassen.

Übung: Interesse entwickeln

Informieren Sie sich, welche Tiere und Pflanzen in Ihrer Gegend (bzw. der Umgebung Ihrer Stadt) vorkommen. Finden Sie bei einem Ausflug heraus, wie die Lebewesen genannt werden, die Sie beobachten können, egal ob Vögel, Insekten, Bäume oder Nagetiere. Anschließend lassen sich Ihre Fähigkeiten beim Einordnen (oder Kategorisieren) überprüfen, etwa durch den Blick in einen Naturführer.

Kategorisierung, also das Denken in Unterschieden und Gemeinsamkeiten, ist ein wichtiges Mittel zur Organisation des Gelernten im Langzeitgedächtnis. Gemäß der eben dargestellten Übung müssen Sie sich bloß fragen, welche Vögel Sie auf Ihrem Spaziergang entdeckt haben, und Sie können die einzelnen Arten, die Sie zuvor etwa in einem Lexikon nachgeschlagen haben, dann aus dem Gedächtnis abrufen.

Auch eine Anbindung neuer Informationen an persönliche Erfahrungen und emotional geprägte Bewertungen macht sich die natürliche Funktionsweise der menschlichen Erinnerung zu Nutze: Durch den ständigen Vergleich verschiedener Inhalte werden bereits gespeicherte Eindrücke und die dazugehörigen Gefühle im Langzeitgedächtnis mit neuen Wahrnehmungen angereichert und verknüpft.

Je langweiliger und bedeutungsloser Ihnen eine Information erscheint, die Sie sich merken müssen (Medizinstudenten wissen, wovon ich spreche), desto wichtiger wird es, sich die trockenen Fakten interessant zu machen, um sie nicht sehr bald wieder zu vergessen. Kurze- bis mittellange Zahlenfolgen (etwa Geheim, Konto- oder Telefonnummern) lassen sich zum Beispiel mit der Jahreszahlen-Methode sicher einprägen und wieder aufrufen.

Übung: Jahreszahlen-Methode
Zahlen besagen zunächst einmal nichts – außer einer bestimmten Menge. Das macht es auch so schwer, sich Ziffern ohne »Hilfsmittel« zu merken. Wenn Sie hingegen eine Nummernfolge in mehrere zweistellige Zahlen unterteilen und ihnen anschließend Bedeutungen geben, können Sie später die Reihenfolge der einzelnen Ziffern anhand der – hier verbalen – Assoziationen rekonstruieren.
Es liegt nahe, zweistellige Zahlen als Jahreszahlen des letzten Jahrhunderts zu betrachten (die ersten beiden Stellen, 19, lassen Sie weg). Eine **45** wäre dann das »Ende des letzten Weltkriegs«, eine **70** vielleicht »Trennung der Beatles« und die **86** »Tschernobyl«, je nachdem, wofür eine bestimmte Jahreszahl bei Ihnen steht. Das kann natürlich auch die Zeit des Hausbaus sein, das Geburtsjahr oder das Alter Ihrer Nichte, oder auch die Hausnummer Ihres Liebhabers. Hier sind Ihrer Fantasie keine Grenzen gesetzt.

Probieren Sie die »Jahreszahlen-Methode« an der folgenden, vierstelligen ec-Karten-Geheimnummer aus. Überlegen Sie so lange, bis Ihnen zwei überzeugende Assoziationen eingefallen sind, ob aus dem Bereich der Zeitgeschichte, der Kultur, des Sports oder der persönlichen Daten. Versuchen Sie das Ereignis zusammen mit der Zahl vor Ihrem inneren Auge zu sehen, jeweils etwa 15 Sekunden lang (Visualisierung). Anschließend wiederholen Sie die beiden Assoziationen in der richtigen Reihenfolge (die Sie sich bei solchen Aufgabenstellungen ganz nebenbei einprägen), warten etwa eine Minute und rekonstruieren schließlich die ursprünglichen Ziffern.

2 9 6 7

Üben Sie auch an einer Zahlenfolge, die Sie sich gern merken möchten. Sie sollte nicht allzu lang sein. (Für längere Nummernreihen verwenden Sie besser die Merktechniken aus Kapitel IV.)

Assoziative Verknüpfungen erleichtern auch das Abspeichern von Wörtern, etwa von Vokabeln, an die Sie sich später erinnern wollen.

Übung: Vokabeln bildlich miteinander verknüpfen
Stellen Sie sich die nächsten zehn Begriffe jeweils ungefähr 15 Sekunden lang bildhaft vor. Beim Visualisieren kann es hilfreich sein, die einzelnen Wörter auf eine möglichst ungewöhnliche, absurde oder komische Weise miteinan-

der zu verbinden. (Sie wissen ja: Wenn Eindrücke Gefühle auslösen, kann man sich später besser daran erinnern.) Nach den Visualisierungen legen Sie das Buch etwa eine Minute lang zur Seite. Dann versuchen Sie sich anhand Ihrer optischen Assoziationen an die Begriffe zu erinnern. Schreiben Sie auf, was Ihnen einfällt und vergleichen Sie es mit dem Original. Interessant wäre auch, herauszufinden, warum es bei einer bestimmten Vokabel funktioniert hat und bei der anderen nicht oder nur ungefähr.

- Raubsaurier
- U-Bahn-Fahrer
- Felsklippe
- Kindersicherung (im Auto)
- Korkenzieher
- Flugzeugabsturz
- Bodybuilding
- Urwaldriese
- Linsengericht
- Kernphysik

Vielleicht erinnern Sie sich: Lernen fällt leichter, wenn Sie den Stoff strukturieren, also Kategorien aus Gemeinsamkeiten und Unterschieden der Objekte bilden können. Versuchen Sie die folgende Vokabelliste zunächst nach möglichen Ordnungsmerkmalen zu sortieren, bevor Sie die einzelnen Wörter visuell miteinander verbinden wie in der letzten Übung.

- Blauwal
- Maiglöckchen
- Elektriker
- Schwertlilie
- Rechtsanwalt
- Damhirsch
- Gänseblümchen
- Pfingstrose
- Rettungssanitäter
- Känguru

Es ist gut möglich, dass Sie sich, da Sie um die ordnenden Kategorien der Liste (hier: Tiere, Pflanzen und Berufe) wussten, mehr Begriffe merken konnten als bei der ersten Vokabel-Übung.

Eine praktische Anwendung dieser Methode wäre es, sich die einzelnen Posten Ihres Einkaufszettels einzuprägen, sodass Sie mittelfristig auf schriftliche Erinnerungsstützen verzichten können. Probieren Sie es aus.

Übung: Einkaufsnotizen bildlich verknüpfen

Einkaufszettel sind normalerweise eher uninteressant. Vieles wiederholt sich immer wieder und ist so zur Routine geworden, anderes kommt neu hinzu. Wenn Sie allerdings Ihre Einkaufsnotizen zu etwas Interessantem machen, können Sie sie in Zukunft problemlos zu Hause vergessen. Folgendes Vorgehen empfiehlt sich hier:

Während Sie die Methode noch üben, verwenden Sie einen Stichpunktzettel mit den Artikeln, die Sie besorgen wollen, und den Geschäften, in denen Sie sie bekommen. Später können Sie dann wahrscheinlich auf Notizen verzichten.
Ordnen Sie die einzelnen Objekte chronologisch in der Reihenfolge an, in der Sie die Geschäfte besuchen werden.
Verknüpfen Sie jeweils zwei bis drei Gegenstände optisch auf eine möglichst interessante Weise miteinander. Verbinden Sie diese Vorstellungen mit dem bildlichen Eindruck des dazu passenden Ladens, so wie er Ihnen in Erinnerung ist. Visualisieren Sie die Vorstellungen jeweils 15 Sekunden lang. Ein Beispiel: Sie wollen zunächst beim Bäcker ein Sonnenblumenbrot und drei Stück Erdbeerkuchen erstehen. Also stellen Sie sich vor, das Schaufenster dieser Bäckerei sei, eingerahmt von Backwaren, mit <u>einer</u> wunderschönen Sonnenblume geschmückt, der jemand <u>drei</u> saftige, rote Erdbeeren auf die Kerne geklebt hat.
Falls Sie an einer bestimmten Station nur einen Artikel kaufen wollen, können Sie diesen Gegenstand auch ohne weitere Verknüpfungen in einprägsamer Weise mit dem Ort verbinden, an dem Sie ihn bekommen werden.
Wiederholen Sie die Bildvorstellungen in der richtigen Reihenfolge vor Ihrem inneren Auge, bis sie »sitzen«, und lassen Sie den Einkaufszettel zu Hause.

Trainieren Sie die zunächst vielleicht etwas ungewöhnliche Merk-Methode an folgendem ungeordneten Einkaufszettel. Sie möchten zunächst zur Bank, anschließend zur Reinigung und dann in den Supermarkt.

- 100 Mark bei der Bank abheben
- drei große Steaks kaufen
- drei Kilo Kartoffeln holen
- ein Kasten Mineralwasser
- eine Flasche roten Bordeaux
- 500 Gramm frische grüne Bohnen
- 100 Gramm kleingewürfelten Speck
- eine Packung Vanilleeis besorgen
- zwei gereinigte Jacketts von der Wäscherei abholen
- Kontoauszüge ausdrucken lassen

Auch berufliche wie private Termine lassen sich mit dieser Technik bereits im Gedächtnis organisieren.

Übung: Termine assoziativ einprägen

Wenn Sie möchten, schlagen Sie einmal ihren aktuellen Terminkalender auf. Konzentrieren Sie sich hierbei auf die beruflichen Termine des nächsten Werktages.
Fassen Sie die Daten zunächst nach Unterschieden und Gemeinsamkeiten zusammen. Sie können zum Beispiel Ihren Arbeitstag aufteilen in »vormittags« und »nachmittags«. Manche Besprechungen finden vielleicht in Ihrem Büro statt, andere in einem anderen Raum oder auswärts. Wo genau? Stellen Sie sich die Örtlichkeiten und den Ablauf vor.

Einige Termine werden Routine und Ihnen bereits bekannt sein, andere finden außerhalb der Reihe statt. Konzentrieren Sie sich in mehreren Sinnesdimensionen auf das bevorstehende Geschehen. Wie kommen Sie zu den Treffpunkten? Wie sieht es dort nach Ihrer Erinnerung (oder in Ihrer Fantasie) aus? Mit welchen Personen haben Sie voraussichtlich zu tun? Vergegenwärtigen Sie sich alles, was Sie über diese Leute wissen. Worum geht es bei den Meetings? Was werden Ihre Aufgaben sein, was ist sonst noch wichtig?

Anschließend gehen Sie die Termine des nächsten Tages in Gedanken durch und versuchen sich jedes Mal die wesentlichen Gesichtspunkte der einzelnen Treffen vor Augen zu halten. Überprüfen Sie dann, ob sich die gewünschten Daten anhand der vielfältigen Assoziationen, die Sie gebildet haben, korrekt und in der richtigen Reihenfolge abrufen lassen. Wo es noch nicht ganz geklappt hat, versuchen Sie es mit einprägsameren Eselsbrücken und ein wenig Geduld erneut. Verzichten Sie probehalber an Ihrem nächsten Arbeitstag auf die mechanische oder elektronische Merk-Stütze (auf die Sie ja im Notfall immer noch zurückgreifen können) und setzen Sie Ihr inzwischen gut trainiertes Gedächtnis ein.

2. Erinnerungen sind subjektiv

Während wir uns an bestimmte »Eckdaten« oft ein Leben lang erinnern können, etwa an den Tag des Schul- oder Universitätsabschlusses, den Geburtstag der Kinder oder die Tatsache, dass es nachts dunkel ist, sind manche Einzelheiten im menschlichen Gedächtnis stark gefärbt, oft sogar verzerrt durch unsere subjektive Erlebnis- und Betrachtungsweise.

Denken Sie zum Beispiel an Ihre praktische Fahrprüfung zurück. Wahrscheinlich waren Sie ein wenig nervös, hatten zunächst einen beschleunigten Puls, achteten ein bisschen übertrieben auf den Verkehr oder machten sich Mut durch den inneren Monolog. Von diesen Wahrnehmungen sind, wenn Sie ehrlich mit sich sind, auch Ihre Erinnerungen an die Minuten der Fahraufgabe geprägt. Ihr Prüfer (für den die Situation komfortabler ist und eine Wiederholung sattsam bekannter Abläufe darstellt) wird dieselbe Erfahrung, wenn überhaupt, ganz anders abspeichern. Wenn er nicht gerade an vollkommen andere Dinge denkt, betrachtet er Ihr Verhalten im Verkehr von außen und konzentriert sich nur dann auf Ihre Fahrkünste, wenn etwas nicht in Ordnung ist. Ihre Angst kann er nicht empfinden, er wird sie aber auch nicht besonders zur Kenntnis nehmen, da alle anderen Fahrschüler auch nervös sind. Diese Information hat also keinen Nutzwert für ihn.

Ihrem Fahrprüfer und Ihnen selbst sind also ganz unterschiedliche Aspekte der gleichen Situation im Gedächtnis, wobei Sie die besseren Chancen haben, diese Eindrücke über Jahrzehnte zu bewahren. Bei Ihrem Prüfer verhindern Routine und das Gesetz der Ähnlichkeitshemmung, dass ihm das Ereignis noch nach Jahren zur Verfügung steht.

Ein anderes anschauliches Beispiel für die Subjektivität von Erinnerungen sind die häufig äußerst gut zu manipulierenden Aussagen von Verdächtigen im Verhör. Wenn jemandem stundenlang immer wieder unterstellt wird, er habe seinen Rivalen umgebracht, kann es passieren, dass er das Verbrechen irgendwann gesteht, obwohl er unschuldig ist. Oft werden solche in Drucksituationen entstandenen Geständnisse anschließend widerrufen. Im Extremfall kann ein zu Unrecht Verdächtigter sogar selbst von seiner Täterschaft überzeugt sein. Das Gedächtnis konstruiert die Eindrücke dann im Nachhinein so um, dass sie zur aktuellen Aussage passen.

Umgekehrt, und das kommt sicher häufiger vor, ist es auch möglich, dass ein Verbrecher so lange seine Unschuld beteuert, bis er sich selbst davon überzeugt hat. Hier würde sogar ein Lügendetektor versagen.

Üben Sie also ein wenig Nachsicht, wenn jemand Ihnen gegenüber darauf beharrt, dass er sich an ein gemeinsames Erlebnis in ganz anderer Weise erinnert als Sie.

3. Wege zur besseren Konzentration

Wenn Ihr beruflicher Alltag mit fortlaufenden körperlichen oder geistigen Anstrengungen verbunden ist, brauchen Sie einen entspannenden Ausgleich. Andernfalls kann es irgendwann geschehen, dass die Freude, etwas zu leisten, umschlägt in negativ erlebten Stress. Als Konsequenz fühlen Sie sich möglicherweise ausgebrannt und erschöpft. So weit muss es nicht kommen. Wie Sie sich im Schlaf von den Aktivitäten des letzten Tages erholen, um wieder aufnahmebereit zu sein für die Aufgaben des nächsten, können Ihnen Entspannungsübungen, in den Arbeitspausen oder nach Feierabend, helfen, Ihre »seelischen Akkus« neu aufzuladen.

Falls Sie bereits eine funktionierende Erholungsmethode für sich entdeckt haben, ob Musik hören, Autogenes Training oder Yoga, umso besser. Wenn Sie noch auf der Suche sind, möchte ich Ihnen eine sehr effektive Entspannungstechnik vorstellen, die teilweise aus der Hypnotherapie stammt und zum anderen Teil aus der buddhistischen Meditationspraxis Sri Lankas. Bei Wiederholung der Aufgaben über einen längeren Zeitraum hinweg schärfen Sie außerdem nachhaltig Ihre Konzentration für die Aufnahme neuer Informationen ins Gedächtnis.

Eine Voraussetzung ist, dass Sie vermeidbare Ablenkungen ausschließen: Keine Termine, während Sie üben, keine Anrufe. Schalten Sie für diese Zeit Ihr Handy aus. Und falls Sie sich zu Hause entspannen, bitten Sie Ihre Familienmitglieder darum, Sie 15 bis 20 Minuten lang nicht zu stören.

Beginnen Sie mit fünf Minuten Meditation. Wenn Ihnen die Erfahrung gefallen hat, steigern Sie die Dauer langsam auf 15 bis 20 Minuten. Haben Sie Geduld mit sich selbst und geben Sie nicht sofort auf, falls der gewünschte Effekt noch nicht beim ersten Mal eintritt.

Wenn Sie wollen, können Sie eine CD mit entspannender Musik leise im Hintergrund laufen lassen. In diesem Falle sollten Sie immer den gleichen Tonträger verwenden, da Ihre Erinnerung die Entspannungsreaktion an diese Musik koppelt. Ein Nachteil: Um die volle Wirkung der Meditationsübung zu genießen, müssen Sie dann immer die entsprechende CD mitlaufen lassen. Der Vorteil: Sie werden beim Musik hören nicht so leicht von störenden Außenwahrnehmungen abgelenkt.

Finden Sie eine möglichst bequeme Sitzhaltung, entweder im Schneidersitz auf einer mittelweichen Unterlage (aber nur, wenn Ihnen diese Position ohne Schmerzen gelingt) oder auf einem Sessel bzw. Stuhl. Setzen Sie nicht zu viel Energie für die Aufrechthaltung der Wirbelsäule ein. Beim Schneidersitz kann der Rücken also etwas rund sein, auf dem Stuhl sollte die Lehne einen Hauptteil des Körpergewichts tragen.

Lassen Sie, wenn Sie auf einem Stuhl sitzen, die Beine auseinander fallen, die Oberschenkel stehen zu den Waden etwa im 90-Grad-Winkel. Ihre Unterarme können Sie auf den Oberschenkeln ablegen. Probieren Sie ruhig ein wenig herum, bis Sie eine wirklich angenehme Position gefunden haben. Ihre Kleidung sollte locker und bequem sein und Sie nicht frieren lassen. Schließen Sie jetzt die Augen.

Der Alltag wird für ein paar Minuten vollkommen von Ihnen abfallen. Falls Ihnen ein Gedanke durch den Kopf

geht: Gedanken kommen und gehen. Nehmen Sie zur Kenntnis, dass da das eine oder andere Wort erscheint. Es wird gleich wieder fort sein, wie Buchstaben, die auf einer weißen Wand erscheinen und wieder verschwinden.
Atmen Sie in den Bauch, das heißt, bei jedem Atemzug hebt sich Ihre Bauchdecke, und beim Ausatmen senkt sie sich wieder. Beobachten Sie Ihren natürlichen Atemrhythmus, ohne ihn verändern zu wollen. Er wird wahrscheinlich im Verlauf der Übung ruhiger, vielleicht auch etwas flacher werden.
Richten Sie Ihre Aufmerksamkeit wieder auf das Heben und Senken der Bauchdecke. Beobachten Sie, wie sich Ihr Bauch bei jedem Atemzug etwas wölbt und sich anschließend wieder senkt. Um Ihre Konzentration die meiste Zeit über bei diesen Bewegungen der Körpermitte zu halten, können Sie sich bei jedem Einatmen das Wort »Heben« denken und beim Ausatmen das Wort »Senken«. Heben – Senken. Heben – Senken. Ihre Aufmerksamkeit verweilt bei den Gefühlen des Bauchraums.
Wenn Sie durch ein unerwartetes Geräusch oder einen unwillkürlichen Gedanken abgelenkt werden sollten, wenden Sie Ihre Konzentration für kurze Zeit dem Reiz zu, ohne diesen Vorgang innerlich zu bewerten, und kehren dann zum Heben und Senken der Bauchdecke zurück.
Wenn Sie sich rundum wohl fühlen und einige Minuten mit Heben und Senken verbracht haben, gehen Sie mit Ihrer Vorstellungskraft auf die Suche nach Ihrem ganz persönlichen Ort der Ruhe und der Kraft. Das kann ein Platz

sein, an dem Sie sich irgendwann in der Vergangenheit sehr wohl gefühlt haben. Für manche Menschen ist das ein ganz besonderer Ort in der Natur, für andere eine Stelle, an die sie sich gerne hinträumen. Sie sollten an diesem Platz allein sein und Ruhe erleben können.

Wenn Sie Ihren Ort der Kraft gefunden haben, erkunden Sie ihn zunächst mit dem inneren Auge. Wie sieht er aus, welche Farben können Sie wahrnehmen, welche Bewegungen, welche Beständigkeiten? Erforschen Sie Ihren Ruheort mit dem Gesichtssinn.

Anschließend lauschen Sie auf seine Klänge und seine Stille. Können Sie etwas riechen, etwas erschnuppern? Was empfindet Ihr Tastsinn?

Und überprüfen Sie immer wieder, ob Sie sich an Ihrem Kraftplatz rundum wohl fühlen. Sollte irgendetwas stören, verändern Sie es, sollte alles in Ordnung sein, genießen Sie die Erfahrung mit allen Sinnen. Verabschieden Sie sich schließlich von dem Ort. Sie können jederzeit an ihn zurückkehren.

Jetzt richten Sie Ihre Aufmerksamkeit noch einmal auf die ruhigen Bewegungen Ihrer Bauchdecke. Heben – Senken. Heben – Senken. Atmen Sie schließlich ein paar Mal kräftig durch, strecken und rekeln Sie sich, öffnen Sie die Augen und stehen Sie auf, um wieder ganz in der Alltagswirklichkeit anzukommen.

IV.
Nicht nur Esel brauchen Brücken

Viele Dinge gelingen leichter, wenn man sie im Vorhinein ordnet. Das gilt auch für unser Gedächtnis. Deshalb ist es wichtig, sich Techniken anzueignen, um Wissen und Gedanken besser zu organisieren.

Eindrücke, die Sie interessieren und emotional beschäftigen, lassen sich normalerweise hervorragend speichern. Ebenso Informationen, die Sie mit bereits vorhandenem Vorwissen verbinden, also einordnen. Zum Beispiel wird der Fußballunkundige nie auch nur annäherungsweise so detailliert von einem wichtigen Finale berichten können wie ein gut informierter Fan. Auch seine Erinnerungen an das Match wären sehr ungenau, während der Sportinteressierte das gleiche Spiel im Kontext früherer Spitzenentscheidungen bewertet, Fehlurteile des Schiedsrichters erkennen wird und um die Fähigkeiten der beteiligten Spieler weiß.

Deshalb kann sich ein Experte Neues aus seinem Fachgebiet im Normalfall deutlich effektiver merken als der Laie, was sich allerdings bis zu einem gewissen Grad durch Neugier ausgleichen lässt. Und nicht zuletzt ist

Interesse die beste Grundlage dafür, in einem bestimmten Bereich zum Experten zu werden.

Manches hingegen können Sie sich wahrscheinlich ohne bestimmte Hilfsmittel (»Eselsbrücken« oder Assoziationen) nur schlecht einprägen, meistens weil das notwendige Bezugssystem fehlt. Etwa einen vorher unbekannten, vielleicht etwas ungewöhnlichen Orts- bzw. Nachnamen oder längere Zahlenkombinationen ohne Beziehung zu Ihrem Vorwissen.

Um sich solche unanschaulichen Informationen gut zu merken, müssen Sie sie konkret werden lassen, also veranschaulichen, und mit einprägsamen Eindrücken verknüpfen.

1. Namen mit Informationen verbinden

Die meisten Namen speichern Sie wahrscheinlich, indem Sie sie mit Wörtern der deutschen Sprache in Verbindung bringen, die Sie bereits kennen. Die neue Geschäftspartnerin heißt vielleicht genauso wie Ihre Jugendfreundin, ein Kunde trägt möglicherweise einen ganz ähnlichen Namen wie ein Kommilitone aus Studientagen.

Um sich einen noch nie gehörten, komplizierten Nachnamen oder eine ungewöhnliche Ortsbezeichnung zu merken, können Sie zu verschiedenen Aspekten des Wortes Eselsbrücken bilden. Wählen Sie die Assoziation, die Ihnen spontan einfällt. Falls sich Ihnen nicht auf Anhieb eine bestimmte Idee aufdrängt, lässt sich meistens aus dem Klang oder aus einer Bedeutung des Namens etwas Einprägsames konstruieren.

Falls Sie die betreffende Person bereits kennen gelernt haben, können Sie Bedeutungs-Brücken zwischen der Namensassoziation und einem Persönlichkeitsmerkmal Ihres Gegenübers herstellen. Ein Beispiel wäre: »Herr Maier ist stinklangweilig und hat auch den langweiligsten Namen.« Oder ein neuer Bekannter mit betont männlichen (»markanten«) Gesichtszügen trägt den Namen Markus.

Wenn ein persönliches Treffen noch nicht stattgefunden hat, etwa in Vorbereitung einer geschäftlichen Konferenz, bleibt Ihnen oft nur der Name selbst. (Normalerweise reicht es, sich den Familiennamen zu merken.) Fast immer lassen sich mit etwas Fantasie auch in solchen Fällen einprägsame Eselsbrücken herstellen.

Zum Beispiel würde ich einen Alfons Nielbock durch eine bildliche Vorstellung abspeichern, in der ein (Ziegen-)Bock etwas verdutzt den Nil hinuntertreibt. Der Ortsname Neu Pennewitt ließe sich einprägen durch die (wieder etwa 15 Sekunden währende) Visualisierung einer Schule (früher umgangssprachlich »Penne« genannt) mit einem vollkommen neuen Konzept: Die Lehrer reißen den ganzen Tag drittklassige Witze.

Probieren Sie diese Technik mit je fünf ungewöhnlichen Personen- und Ortsnamen aus. Denken Sie zunächst in möglichst viele Richtungen, bis Ihnen zu jedem Familiennamen sinnvolle Eselsbrücken eingefallen sind. Wieder-

holen Sie in Gedanken die nachfolgend aufgelisteten Namen mit den dazugehörigen Assoziationen für etwa fünf Minuten.
Daraufhin decken Sie die Buchseite eine Minute lang ab und beschäftigen sich in dieser Zeit mit etwas anderem. Überprüfen Sie schriftlich, welche Namen sich danach noch über die jeweilige Eselsbrücke abrufen lassen. Was hat Ihnen geholfen, sich zu erinnern, warum ist es Ihnen in manchen Fällen nicht so gut gelungen?
Verfahren Sie anschließend auf die gleiche Weise mit den schwierigen Ortsbezeichnungen der zweiten Liste.

Übung: Namen von Personen assoziativ verknüpfen
- Lydia Franzkowiak
- Stephan Soltau-Querengäßer
- Lisa Petschmann-Bruckhaus
- Ferdinand Konrath-Köpenick
- Carola Siemanowitz-Weiss

Ortsnamen durch Eselsbrücken einprägen
- Zusamaltheim
- Bernkastel-Kues
- Rabenkirchen-Faulück
- Süderbrarup
- Klein Jasedow

Dieses Vorgehen empfiehlt sich auch bei komplizierten Fremdwörtern, Straßennamen oder Begriffen aus fremden

Sprachen, um nur die wichtigsten Einsatzmöglichkeiten zu nennen. Experimentieren Sie dabei ruhig ein wenig herum.

Besonders wichtig ist es in unserer Gesellschaft, Menschen mit dem Namen anzusprechen, denn das Gegenüber fühlt sich dadurch persönlich wahrgenommen. Hier wäre es sinnvoll, sich einen neuen Familiennamen schnell einzuprägen, denn im Normalfall wird Ihnen der andere nur einmal vorgestellt. Dazu dient folgende Merktechnik.

Übung: Einen Namen mit anderen Eindrücken koppeln
Wenn Sie das nächste Mal jemanden neu kennen lernen, achten Sie bewusst darauf, welche spontane Assoziation dieser Name bei Ihnen auslöst. Wiederholen Sie ihn laut bei der Begrüßung.
Konzentrieren Sie sich jetzt auf alle Eindrücke, die Ihr Gesprächspartner vermittelt. Fällt Ihnen etwas an seinem (ihrem) Aussehen oder der Ausstrahlung auf? Richten Sie Ihre Aufmerksamkeit neben dem Gesicht, der Körpergröße und der Figur auch kurz auf Kleidung und Haltung. Wie spricht er, welche nicht-verbalen Signale empfangen Sie von ihm? Welches Gefühl löst der andere in Ihnen aus?
Kehren Sie anschließend in Gedanken noch einmal zum Namen Ihres Gegenübers zurück. Passt der Familienname zur Person? (Ein Herr Schmidt etwa ist möglicherweise ähnlich autoritär wie der gleichnamige Altbundeskanzler

oder so ironisch wie der Late-Night-Talker auf Sat 1.) Vielleicht steht die Anrede auch in einem deutlichen Missverhältnis zum Erscheinungsbild Ihres Gesprächspartners. (Zum Beispiel eine Frau Klein mit 1,85 Meter Körpergröße.)
Je intensiver Sie sich mit der Person und dem Namen eines anderen Menschen auseinander setzen, desto größer ist später die Chance, sich dieses Namens über eine Vielzahl von Abrufwegen entsinnen zu können.

Sollte Ihnen trotzdem einmal ein wichtiger Name entfallen, gibt es normalerweise eine Reihe von Möglichkeiten, die Informationslücke zu schließen. Erkundigen Sie sich bei einem gemeinsamen Bekannten, stöbern Sie in Ihren Notizen – oder fragen Sie den Betreffenden bei der nächsten Begegnung einfach noch einmal. Fehler machen und Fakten vergessen ist menschlich (siehe auch Kapitel V) und wird normalerweise gern verziehen.

2. Zahlenreihen speichern

Zahlen sind auf den ersten Blick eher noch etwas unanschaulicher als seltsame Namen. Eine Erinnerungstechnik für Ziffernreihen, nämlich die Jahreszahlen-Methode, haben Sie schon ausprobiert. Gerade für längere Folgen, etwa Telefon- oder Ausweisnummern, empfiehlt sich eine andere Technik, das Konstruieren von Geschichten aus akustischen oder optischen Assoziationen zu den Zahlen. Das klingt komplizierter als es ist.

Abstrakte Ziffern werden zunächst in begreifbare bildliche Vorstellungen verwandelt, die Sie dann zu einer Geschichte verknüpfen. Den Verlauf der Story können Sie sich vermutlich gerade wegen seiner willkürlichen Absurdität gut einprägen. Je fantasievoller, je drastischer und spannender Sie Ihre Geschichten formulieren, desto besser bleiben sie im Gedächtnis. Viele so genannte »Gedächtniskünstler« merken sich mit solchen Methoden schier endlose Zahlenkolonnen.

Zur Vorbereitung verbinden Sie die Zahlen von null bis neun mit eindeutigen, konkreten Vorstellungen. Sie können die einzelnen Ziffern entweder mit ähnlich klingenden Begriffen verknüpfen (wie »acht« mit »Nacht«) und daraus anhand der Nummernfolge seltsame Anekdoten basteln. (Diese Technik empfehle ich eher auditiv erinnernden Menschen.) Aber auch eine Koppelung der Zahlen an ihre sichtbare quantitative Bedeutung ist möglich (z. B. »acht« mit »Achterbahn« zu verbinden). Auch hier entwickeln Sie merkwürdige assoziative Bildergeschichten. (Die zweite Version sollte vor allem visuell denkende Personen ansprechen. Aber natürlich können Sie auch beide Methoden ausprobieren und nach Belieben variieren.)

Voraussetzung ist in beiden Fällen ein wenig Übung, bis die einzelnen Ziffern fest mit den jeweiligen anschaulichen Begriffen verkoppelt sind. Dann jedoch lässt sich die Technik auf jede beliebige Zahlenreihe anwenden.

Praktisch ist hierbei, dass Sie sich zusammen mit dem Verlauf der einmal ausgedachten Fantasieanekdote automatisch auch die richtige Reihenfolge der einzelnen Ziffern einprägen. Irgendwann »sitzt« die Nummer dann in Ihrem Gedächtnis, und Sie brauchen die Erinnerungs-Stütze nicht mehr. Zunächst zu den akustischen Eselsbrücken.

Auditive Assoziationen zu den Zahlen von null bis neun:
- eins = Eingang
- zwei = Zweige
- drei = Schrei
- vier = Tier
- fünf = Strümpfe
- sechs = Reflex
- sieben = Dieb
- acht = Nacht
- neun = Scheune
- null = Bulle

Eine Beispielgeschichte: Ich möchte mir die Telefonnummer **834 25 37** einprägen. Mit den akustischen Eselsbrücken aus der obigen Liste entsteht folgende Anekdote: »Es ist spät in der Nacht. Ich stehe im Pyjama im Garten, weil ich eben von einem lauten Schrei wach geworden bin. Das hörte sich nicht an wie ein Tier.
Es raschelt in den Zweigen eines Baumes, ich stehe hier ohne Strümpfe im Freien, rufe ›Ist da wer?‹.

Noch ein <u>Schrei</u>, eindeutig ein menschlicher, und eine fahle Gestalt, eben vom Apfelbaum gefallen wie eine reife Frucht, schleicht sich von dannen. Ich habe anscheinend einen <u>Dieb</u> verjagt.«

Schließlich wiederhole ich die Geschichte in Gedanken und versuche die einzelnen Ziffern der Telefonnummer zu rekonstruieren.

Übung: Eine Telefonnummer durch auditive Zahlen-Assoziationen speichern

Wiederholen Sie die akustischen Eselsbrücken der ersten Liste so lange, bis Sie sie auswendig wissen. Dann basteln Sie aus der nachfolgenden Telefonnummer eine spannende Fantasieanekdote. Überprüfen Sie nach einigen Minuten Pause, ob Sie die Zahlenreihe anhand der Geschichte wieder abrufen können.

0 3 3 6 1 / 4 2 8 7

Wenn Sie möchten, können Sie die Technik auch mit einer zweiten Liste optischer Assoziationen variieren.

Visuelle Eselsbrücken zu den Zahlen von null bis neun:
- eins = Einzelkind
- zwei = Hände
- drei = die Heiligen Drei Könige
- vier = Jahreszeiten
- fünf = Sinne
- sechs = Lottogewinn (sechs Richtige)

- sieben = Zwerge
- acht = Achterbahn
- neun = Kegeln (alle neune)
- null = Neugeborenes

Auch in diesem Falle eine Beispielanekdote, jetzt zur Telefonnummer

491 70 56

»Der Herbst war für mich immer eine schöne <u>Jahreszeit</u>. Heute, an einem fast noch sommerlich warmen Sonntag, habe ich den Vormittag mit Freunden beim <u>Kegeln</u> verbracht und sogar gewonnen.
Jetzt, am Nachmittag, lese ich meinem <u>einzigen Kind</u> ein Märchen vor. ›Schneewittchen und die <u>sieben Zwerge</u>‹ mag der Junge am liebsten. Schon als <u>Neugeborener</u> war er mit allen <u>Sinnen</u> an der Welt interessiert. Ich finde, einen Sohn zu haben ist wie ein <u>Lottogewinn</u>.«

Übung: Eine Telefonnummer durch visuelle Zahlen-Assoziationen speichern

Sie sind dran. Prägen Sie sich zunächst die optischen Eselsbrücken zu den einzelnen Ziffern gut ein und erfinden Sie anschließend auf dieser Grundlage eine interessante Geschichte zu nachstehender Nummer. Die **11** wird hier zu »zwei Einzelkindern«.

0 2 1 1 / 4 7 2 0 6 3 5

3. Sagen Sie es mit eigenen Worten

Komplizierte Namen und lange Zahlenreihen konnten Sie sich durch eine Anbindung an vertraute Begriffe und seltsame Geschichten einprägen. Anders sieht es aus, wenn Sie einen Text, mit dem Sie sich beschäftigen wollen, nicht auf Anhieb begreifen, also bei sehr theoretischen und abstrakten Aussagen.

Leider tragen gerade viele deutsche Universitätsprofessoren, wenn sie Fachbücher publizieren, eine Art Wettbewerb darin aus, wer seine Thesen am unverständlichsten formuliert. Und zumindest was bestimmte Prüfungen betrifft, ist es nicht immer möglich, sich die zu behandelnde Literatur selbst auszusuchen. Deshalb möchte ich Ihnen zunächst eine Methode vorstellen, wie Sie abstrakte Texte einfacher umformulieren können.

Wenn ich einen Abschnitt vor mir habe, dessen Inhalt ich nicht auf Anhieb verstehe, lese ich ihn als Erstes noch einmal und zwar ganz langsam. Dann versuche ich mir klar zu machen, worum es in diesem Text überhaupt geht: Was sind die Kernaussagen, welche mir unbekannten Begriffe sind wahrscheinlich wichtig? (Die kann ich in einem Lexikon nachschlagen oder im Internet finden). Welche spielen offensichtlich eine geringere Rolle? (Diese ignoriere ich.) Wo wird Grundsätzliches behandelt, was sind die – nebensächlichen – Details? Kann ich aus nebensatzlastigen Bandwurmkonstruktionen klare, einfache Aussagen machen? (Wenn möglich im Kopf, sonst schriftlich.) Wie würde ich die Thesen des Autors in meinen eigenen Worten formulieren? (Mündlich, etwa dem Badezimmerspiegel oder einem Freund gegenüber, vor allem, wenn Sie die Technik noch üben.)

Ein Beispiel macht klar, wie die Sache funktioniert. Ich verwende dazu einen relativ schwierigen Abschnitt aus dem (zu großen Teilen sehr gut verständlichen) Buch »Denken, Lernen, Vergessen« von Frederic Vester (dtv, 1978, S. 36): »Läuft nun eine elektrische Erregung durch das Axon bis in die Synapsen, dann platzen die Bläschen und geben die Transmittersubstanz frei. Sie wandert in den Spalt und erhöht in der gegenüberliegenden Wand der Nervenzelle oder einer ihrer Verzweigungen die Durchlässigkeit für bestimmte Ionen. Die Transmitterstoffe der erregten Synapsen bewirken so zum Beispiel den Einstrom von Natrium-Ionen und den Ausstrom von Kalium-Ionen. So entsteht zwischen der Synapse und der angrenzenden Nervenzelle ein Strom, der sich dort als elektrochemischer Impuls fortpflanzt. Der Kontakt wird geschlossen, und die Information kann weiterlaufen. (...) In jedem Fall werden sofort wieder neue Bläschen aufgebaut, um für ein nächstes ›Feuern‹ bereit zu sein. Ein ständiger Nachschub von Transmittersubstanz ist also erforderlich.«

Ein Axon, das weiß ich noch aus dem Biologieunterricht, ist ein Nervenstrang, der in den Synapsen endet. (Andernfalls hätte ich dieses Wort nachgeschlagen.) Als Transmittersubstanzen (vgl. Kapitel I) bezeichnet man jene Stoffe, die unter anderem Reize von einem Neuron zum anderen leiten. Um dieses Thema scheint es in dem Text zu gehen. Mit der Ausschüttung von Kalium- und Natrium-Ionen brauche ich mich nicht weiter zu beschäftigen, handelt es sich doch bei diesen Vorgängen um Beispiele, wie Vester schreibt.

Als Kerninhalt entnehme ich dem Text, dass durch das Ausschütten von Botenstoffen an den Synapsen Strom fließt und dadurch Informationen weitergeleitet werden. Nach diesem so genannten »Feuern« werden die Transmitter-Depots in den Bläschen der Nervenenden bald wieder aufgefüllt.

Wenn Sie möchten, versuchen Sie es genauso mit einem anderen, etwas komplizierteren Abschnitt desselben Buches (S. 84).

Übung: Abstrakte Informationen verständlich werden lassen

Während Sie die Methode noch erlernen, empfiehlt es sich, den Text in Ihren eigenen Worten zusammenzufassen und in ein paar Stichpunkten auf einem Blatt Papier zu skizzieren.

»(Die Information) muss wiederholt über das Ultrakurzzeit-Gedächtnis (das heißt die unmittelbare Wahrnehmung – *Anmerkung des Autors*) angeboten werden. Offenbar muss dabei unser Gehirn die neue Information mit bereits vorhandenen Gedächtnisinhalten assoziieren. Diese ›Langzeitverstärkung‹ (long term potentiation) findet daher im Hippocampus oder Schläfenlappen statt, einem Teil des

Limbischen Systems (Anm. des Autors: eine zentrale Großhirnstruktur). Denn nur dieses ist dazu in der Lage, Vorstellungen und Bilder zusammenzubringen, um die vielen Wahrnehmungskanäle eines echten Erlebnisses, wie sehen, hören, fühlen, schmecken, riechen, anfassen und sich bewegen, wenigstens teilweise zu ersetzen. Das heißt, wir müssen solche Ein-Kanal-Informationen dann wenigstens innerlich zu Mehr-Kanal-Informationen machen – quasi zu einem inneren Erlebnis. Dabei erfolgt eine gezielte Strukturveränderung von Synapsenverbindungen, wodurch weitere neuronale Netze geknüpft werden. Und damit wird auch schon gleich der Weg für die spätere Wiederauffindung durch Assoziationen gebahnt: Je mehr passende Assoziationen, je mehr Möglichkeiten einer vielfältigen Zuordnung schon da sind, umso weniger muss der Stoff gepaukt werden, und umso besser ist er aus dem Langzeit-Gedächtnis – selbst auf eine ungewohnte Anfrage hin – abrufbar.«

Formulieren Sie diesen Abschnitt wie oben beschrieben so um, dass Ihnen die wichtigsten Aussagen verständlich werden.

4. Der Blick für das Wesentliche

Die Menge des weltweit verfügbaren Wissens steigt ständig, ebenso die Zugangsmöglichkeiten für jeden einzelnen, denken Sie nur an die wachsende Zahl von Radio- und Fernsehsendern im Kabelempfang oder an die Weiterentwicklung von Internet und Mobilfunk. Von zunehmender Wichtigkeit ist da die Fähigkeit, Wesentliches vom Unwesentlichen zu unterscheiden. Denn gleichzeitig nimmt auch der »Datenmüll«, also falsche, unwichtige oder übermäßig detailorientierte Informationen, immer erheblichere Ausmaße an.

So müsste zum Beispiel ein Chemiker, der in seinem gesamten Berufsfeld auf dem Laufenden bleiben möchte, im Jahr etwa 800 000 Fachartikel lesen. Die Unmöglichkeit eines solchen Unterfangens liegt auf der Hand. Vielerorts geht daher der Trend zu einer immer stärkeren Spezialisierung. Trotzdem ist es wichtig, beim Erschließen von Wissen ...

... sich besser auf Zusammenhänge als auf Details zu konzentrieren,
... sich von persönlichen Interessen leiten zu lassen,
... wenn es sich anbietet, fächerübergreifend vorzugehen,
... das Gelernte möglichst umgehend in der Praxis anzuwenden (und gegebenenfalls an der Realität zu korrigieren).

Nicht nur, dass es mehr Spaß macht, auf diese Weise den eigenen Horizont zu erweitern, es entspricht auch am ehesten der Struktur und der Funktionsweise des Gedächtnisses. Beim souveränen Umgang mit Informationen geht es also vor allem um das Aussortieren überflüssiger Inhalte.

Ob Sie sich nun auf eine Prüfung vorbereiten, in Ihrer Firma einen Vortrag halten wollen oder sich nur einfach brennend für ein bestimmtes Thema interessieren: Um die Auswahl der wichtigen Artikel oder Bücher zu diesem Bereich kommen Sie nicht herum. In diesem Zusammenhang stellen sich folgende Fragen:

- Wo finde ich die gewünschte Information?
- Wie seriös ist meine Quelle? (Natürlich können Sie auch Spaß haben an fantastischen Theorien und wilden Behauptungen. In diesem Fall sollten Sie aber im Hinterkopf behalten, dass Sie sich gerade mit Fiktion bzw. Quatsch beschäftigen.)
- Welche Abschnitte sind wesentlich und welche brauche ich mir nicht zu merken?

Wenden wir uns dem ersten Problem zu: Wo können Sie finden, was Sie interessiert? Mit der Entwicklung der computergestützten Medien haben sich die Möglichkeiten in den letzten Jahren erheblich erweitert, und dieser Prozess ist noch im vollen Gange.
Über das Internet kommen Sie schon heute günstig an jedes Buch und an die meisten Fachartikel heran, die derzeit auf dem Markt sind. Wenn Sie auf den Service einer guten Suchmaschine zurückgreifen (bei »freihändiger« Suche droht die Gefahr, im virtuellen Müll zu ersticken), lassen sich zu jedem beliebigen Stichwort Unmengen von Websites und Querverweisen aufrufen. Wer ein beherztes

Aussondern nicht scheut, findet bestimmt irgendwann heraus, welche zwei oder drei Einträge für seine Zwecke verwendbar sind. Eine Alternative wäre das gezielte Sammeln guter Web-Adressen. Zusätzlich können Sie auf die »traditionellen« Wege der Informationsgewinnung zurückgreifen, also Bibliotheken, Buchhandel, konventionelle Massenmedien und Archive.

Zur zweiten Frage, nämlich der nach der (wissenschaftlichen) Glaubwürdigkeit von Quellen, lassen sich nur ein paar Tendenzen formulieren. Sieht man von den Fällen ab, in denen jemand Zeitungsreportagen fälscht oder satirisch fiktive Erzeugnisse in kulturhistorische Ausstellungen schmuggelt, kann man zumeist sagen: Was ernst zu nehmend wirkt, ist es wahrscheinlich auch (ob Informationen in Museen und Lexika, Berichte der seriösen Presse oder in den allgemein anerkannten Nachrichtensendungen), was unseriös aussieht, ist meist unseriös. Häufig können Sie die Qualität bestimmter Inhalte ganz gut über die Form der Darstellung bewerten, etwa als »sachlich interessant« oder als »nicht weiter wichtig, aber unterhaltsam«.

Etwas schwieriger wird es bei Buch- oder Fernsehautoren, die unwissenschaftliche Inhalte ins Gewand der Wissenschaftlichkeit kleiden. Allgemein gilt: Wer unergründliche Kräfte oder Geheimnisse ins Zentrum seiner Betrachtungen stellt, Vorgänge beschreibt, von denen bei aller Brisanz angeblich nur Eingeweihte wissen (etwa Landungen von Außerirdischen), wer vorgibt, das Patentrezept dafür zu kennen, wie es allen Menschen besser gehen würde, oder behauptet, die Zukunft vorhersagen zu können, ist entweder ein Scharlatan oder psychisch hochgradig gestört. Dennoch macht zum Beispiel die Bücherkette Hugendubel etwa 80 Prozent ihres Umsatzes mit dem Verkauf von Esoterik-Elaboraten, die sich intensiv mit derartigen Fragestellungen auseinander setzen. Ähnliches gilt für weite Bereiche des World Wide Web – aber das nur am Rande.

Schließlich zu der Frage, wie sich herausfinden lässt, welche Abschnitte wesentlich sind, wenn Sie sich einen bestimmten Text einprägen oder ein neues Wissensgebiet erarbeiten wollen. Bevor Sie sich mit den Feinheiten eines Themas beschäftigen, gewinnen Sie zunächst eine Übersicht, ob durch einen Blick ins Inhaltsverzeichnis, über Kapitelzusammenfassungen oder eine leicht verständliche Einführung. Wenn Sie einmal Gefahr laufen sollten, den Zusammenhang aus den Augen zu verlieren, dann legen Sie Ihr Buch oder den Fachartikel zunächst zur Seite und beschäftigen sich entweder mit den Grundlagen, bis Sie das neue Wissen erfolgreich eingeordnet haben – oder Sie machen einfach eine Erholungspause, zum Beispiel die Entspannungsübungen aus Kapitel III.

Während Sie viele Details und die meisten Daten normalerweise nicht zu kennen brauchen, wenn Sie sich einen Bereich erschließen, kann es sehr sinnvoll sein, sich ein paar Beispiele zu merken, da sie abstrakte Überlegungen veranschaulichen und plastisch einprägsam werden lassen. Außerdem erinnern Sie sich besonders gut an das, was Sie mit anderen Menschen besprochen haben, seien es Freunde, die Familie oder Kollegen. (Hier spielt wieder das eigene Interesse eine wichtige Rolle.) Bilden Sie sich zu dem, was Sie gerade beschäftigt, eine Meinung, bewerten Sie das Gelesene, dann verknüpfen Sie die neue Information sicher mit schon gespeicherten Erfahrungen.

Übung: Methode zur intensiven Einprägung schwieriger Texte

Diese Technik wird im amerikanischen Original »SQ3R-Methode« genannt. Im Deutschen lassen sich die Anfangsbuchstaben der einzelnen Schritte zu dem Kunstwort »ÜFLeWiZ« zusammenziehen. Diese Abkürzung steht für:

Ü: Verschaffen Sie sich zunächst einen **Ü**berblick, indem Sie den Abschnitt überfliegen.

F: Formulieren Sie dann ein oder zwei **F**ragen zu thematischen Aspekten, die Ihnen wichtig erscheinen.

Le: Lesen Sie den Text vollständig und versuchen Sie anschließend, Ihre Fragen zu beantworten.

Wi: Geben Sie die zentralen Aussagen und Ihre eigenen Überlegungen zum Thema **wi**eder, entweder schriftlich oder einem interessierten Bekannten gegenüber.

Z: Fassen Sie abschließend den Kerninhalt und die wichtigsten eigenen Gedanken mündlich oder schriftlich **z**usammen und klären Sie etwaige offene Fragen.

Da die ÜFLeWiZ-Methode ein bisschen aufwändiger ist als andere Techniken dieses Gedächtnistrainings, empfiehlt sie sich vor allem bei eher komplizierten Ausführungen, die Sie später einmal sicher abrufen wollen. Wenn Sie möchten, können Sie das Vorgehen am vorigen Abschnitt dieses Kapitels (»Der Blick für das Wesentliche«) üben. Beginnen Sie in diesem Fall mit dem Schritt »F« (überflogen bzw. gelesen haben Sie den Text ja bereits).

Falls Sie sich einmal die wichtigsten Aussagen eines Zeitungsartikels, eines interessanten Kommentars oder einer spannenden Reportage einprägen möchten, können Sie eine Technik verwenden, die auch an Journalistenschulen gelehrt wird: die »Methode der fünf W«. Zunächst zur Vorbereitung. Lesen Sie den betreffenden Bericht aufmerksam. Ordnen Sie seinen Inhalt wenn möglich in einen Erfahrungs- oder Wissenszusammenhang ein und klären Sie gegebenenfalls die offenen Fragen. Dann legen Sie den Artikel zur Seite und versuchen sich an der Beantwortung der fünf »W-Fragen«, nämlich:

- **W**as ist geschehen? (Frage nach dem Kerninhalt des Dargestellten)
- **W**ann hat das Ereignis, von dem berichtet wird, stattgefunden?
- **W**o ist es passiert?
- **W**ie ist das Ganze abgelaufen? (Frage nach den näheren Umständen, dem Kontext)

- **W**arum ist es auf die beschriebene Weise geschehen? (Frage nach den möglichen Ursachen oder Gründen)

Übung: Die fünf W-Methode in der Praxis

Wenn Sie Lust haben, probieren Sie die Technik an einem populärwissenschaftlichen Artikel zum Thema Gedächtnis (Berliner Zeitung, 26. April 2000) aus. Mangels eines aktuellen Bezugs können Sie hier die »Wann«- und »Wo«-Fragen aussparen. Der folgende Bericht und seine Bearbeitung ist auch eine gute Übung im Weglassen irrelevanter Detailinformationen und einer Konzentration auf das Wesentliche. Lassen Sie sich bei dieser Aufgabe etwas Zeit:

»Wenn Sie ein geübter Leser sind, werden Sie diesen kurzen Text innerhalb von 90 Sekunden bewältigen. 200 bis 250 »wpm« (Wörter pro Minute) erfasst der geübte Durchschnittsleser – auf nur 90 bis 160 wpm bringt es der ungeübte Erwachsene. Schnell-Leser erreichen mit Spezialtechniken durchschnittlich 500 bis 700 wpm, Spitzenleser über 2000 wpm. Aber wie viel des Gelesenen kann überhaupt behalten werden? Informationen werden in »bit« (»binary digit«) gemessen. Ein bit ist die Informationsmenge, die zwischen zwei gleich wahrscheinlichen Möglichkeiten unterscheidet. Durch die Sinnesorgane können mehr als 500 Millionen bit pro Sekunde aufgenommen werden; höchstens 16 bit jedoch werden bewusst wahrgenommen. Diese volle Informations-Zuflussgeschwindigkeit von 16 bit erreichen allerdings nur 20-Jährige. Die bewusst gewordene Information bleibt wiederum nur wenige Sekunden erhalten – danach zerfällt sie.

Die »Bewusstseinskapazität« errechnet sich aus der Zuflussgeschwindigkeit und der »Gegenwartsdauer«, innerhalb derer die Information zur Verarbeitung zur Verfügung steht. Auch diese ist altersabhängig: bei 70-Jährigen beträgt sie vier, bei 20-Jährigen sechs Sekunden. Diese haben so eine Bewusstseinskapazität von 16 mal sechs, also 96 bit; jene müssen mit 32 bit auskommen. Aus dem Bewusstsein gelangt die Information ins Langzeitgedächtnis. Hier liegt die eigentliche Engstelle, weil niemand sich mehr als 0,05 bit pro Sekunde einprägen kann. Schnell-Lesen allein ist daher zwecklos – denn auf bits, nicht auf Wörter kommt es an. Nur wer den Stoff so strukturiert, dass sich die Menge der relevanten bits reduziert, liest effektiv. Ältere Menschen machen deshalb ihren Mangel an Informations-Zuflussgeschwindigkeit und Gegenwartsdauer wieder wett. Weil sie besser strukturieren, erfassen sie Sinnzusammenhänge leichter als ihre jüngeren Konkurrenten.«

5. Begriffe durch Orte erinnern

Bereits vor ungefähr 2000 Jahren entwickelten einige rhetorisch geschulte Redner im antiken Rom eine interessante, universell einsetzbare Methode zum sicheren

Abspeichern von Begriffen durch eine Verknüpfung mit einer vorher festgelegten Reihe von Orten. Die alten Römer konnten sich mit der Hilfe dieser Technik, die Loci-Methode genannt wurde (Loci ist im Lateinischen die Mehrzahl von Locus = Ort), die einzelnen Argumente merken, die sie später im freien Vortrag kunstvoll miteinander verbinden würden. Außer zur Vorbereitung von Reden und Referaten lässt sich das Verfahren zum Beispiel auch zur Erinnerung von Terminen oder Besorgungen verwenden, allgemein gesprochen immer dann, wenn die Reihenfolge der Objekte Ihrer Merk-Liste wichtig ist.
Damit Sie die traditionsreiche Loci-Technik für Ihre individuellen Zwecke nutzen können, sind ein paar Vorbereitungen notwendig.

▪ Wählen Sie eine Wegstrecke mit vertrauten, klar unterscheidbaren Orten. Das können Straßenkreuzungen und auffällige Geschäfte auf dem Weg sein, wo Sie gerne abends spazieren gehen. Oder die Möbel Ihres Wohnzimmers nahe der Wände, etwa wenn Sie links von der Tür mit dem Schreibtisch als erstem Locus beginnen. Wichtig ist nur, dass sich die Positionen der ausgesuchten Objekte nicht mit der Zeit verändern.

▪ Prägen Sie sich ungefähr acht bis zehn Orte auf der gewählten Wegstrecke ein und wiederholen Sie diese Begriffe in der immer gleichen Reihenfolge, zunächst in der Realität, später vor Ihrem inneren Auge, solange bis Sie sie auswendig wissen. Während Sie später ganz unterschiedliche Wortlisten mit den Loci assoziieren werden, bleiben die Orte des vertrauten Weges grundsätzlich dieselben.

■ Stellen Sie nun eine Liste mit Wörtern zusammen, die Sie sich einprägen wollen, zum Beispiel die Erledigungen eines Einkaufstages. (Falls Sie sich, ähnlich den alten Römern, abstrakte Argumente für einen freien Vortrag merken wollen, müssen Sie außerdem die unanschaulichen Begriffe in gut einprägsame Bilder verwandeln, die sich problemlos mit den Loci verbinden lassen.)

■ Verknüpfen Sie anschließend das erste Objekt Ihrer Liste visuell und auf interessante, ungewöhnliche oder witzige Weise mit dem ersten Ort Ihrer Wegstrecke. (Sie erinnern sich: Bilder, die starke Gefühle auslösen, bleiben besonders gut in Erinnerung.) Ein Beispiel: Nehmen wir an, Sie wollen zunächst zum Friseur. Ihr mentaler Weg ist die Reihenfolge der großen Möbel im Wohnzimmer, wobei Sie mit der Wand links von der Tür anfangen, wo vielleicht der Schreibtisch steht. Ihr Schreibtisch wäre also Locus Nr. 1. Sie könnten sich nun vorstellen, ein winziger, zehn Zentimeter langer Hair-Stylist turne auf Ihrem Schreibtisch herum, die Schere in der Hand, und beginne mangels Haaren an Ihren wichtigsten Unterlagen herumzuschnippeln. Wenn Sie sich etwa 15 Sekunden lang auf die entstandene Vorstellung konzentrieren, hat sich das gewünschte Objekt (in diesem Fall das Vorhaben, als erstes den Friseur zu besuchen) mit dem passenden Ort verbunden.

■ Verfahren Sie mit den übrigen Begriffen Ihrer Liste genauso. Koppeln Sie die zweite Erledigung an den zweiten Locus, die dritte an den dritten usw. Nehmen Sie sich jedes Mal genug Zeit dafür, dass sich plastische Visualisierungen bilden und im Langzeitgedächtnis verankern können.

■ Wiederholen Sie abschließend in Gedanken die einzelnen Bilder und Szenen in Verbindung mit den Orten Ihrer Wegstrecke. Verzichten Sie beim anschließenden Besuch verschiedener Geschäfte auf den Einkaufzettel (bzw. im Büro auf den Terminkalender oder beim Vortrag auf das Stichwortpapier).

■ Wenn Sie sich nun an eine andere Liste mit Erledigungen (Terminen oder Sachargumenten) erinnern wollen, verfahren Sie (mit den gleichen Orten der gleichen Strecke) genauso. In einem Computer wäre das gleichbedeutend mit dem Überschreiben von Daten in einer Tabelle mit neuen Einträgen.

Übung: Die Loci-Methode
ausprobieren

Verfahren Sie wie oben beschrieben (natürlich mit Ihrer ganz individuellen Loci-Strecke) und prägen Sie sich mithilfe der dargestellten Technik folgende Liste konkreter Erledigungen in der angegebenen Reihenfolge ein. Zum Üben sind fünf begriffliche Objekte genug. Anschließend können Sie versuchen, sich die Arbeitstermine des nächsten Werktags mit dieser Methode zu merken.

- 200 Mark am Geldautomaten abheben
- im Kaufhaus einen Schuhabsatz reparieren lassen
- dort eine CD besorgen
- Vitamin C in der Apotheke kaufen
- Hemden bei der Reinigung abholen

Nach diesem Training können Sie die Methode der Orte nun auch zu jenem Zweck einsetzen, für den sie vor 2000 Jahren von Cicero und anderen Rhetorikern entwickelt wurde: die freie Rede.

Das Vorgehen entspricht den oben beschriebenen Schritten. Sie verwenden also die Wegstrecke und Ihre Loci aus der letzten Übung. Der einzige Unterschied: Sie müssen die abstrakten Thesen oder Argumente, die Sie sich einprägen wollen, zunächst in anschauliche Bilder oder Mini-Geschichten verwandeln, bevor Sie sie mit den einzelnen Orten in der richtigen Reihenfolge verknüpfen.

Zum Beispiel könnte man, wenn ein Vortrag zum Thema Gedächtnistraining vorbereitet werden soll, die beiden Aussagen »Wir können uns besonders leicht merken, was uns emotional bewegt.« und »Erinnerungen sind jedoch in vielen Fällen subjektiv verzerrt« in die folgende kleine Anekdote übersetzen. (Der erste Locus ist wieder der Schreibtisch im Wohnzimmer links von der Tür.):

»Nachdem ich am frühen Abend zufällig eine Messerstecherei in einem Park beobachtet habe, in deren Verlauf auch Blut geflossen ist, sitze ich nun als Tatzeuge bei der

Polizei. Während ich einem Polizeibeamten meine Erinnerungen schildere, muss ich unwillkürlich zittern. Alles ist in meinem Gedächtnis so präsent, als wäre es vor fünf Minuten geschehen. Dennoch macht mich der Beamte, der hinter einem großen **Schreibtisch** sitzt und meine Aussage protokolliert, darauf aufmerksam, dass ein zweiter Zeuge am Tatort ganz andere Beobachtungen gemacht hat. Das verwirrt mich etwas.«

Wenn ich anschließend an meinen ersten Locus zurückdenke, eben den Schreibtisch, kommt mir die ganze Geschichte in den Sinn, von welcher ausgehend ich dann die beiden Thesen »Wir können uns besonders gut merken, was starke Gefühle in uns auslöst.« und »Unsere Erinnerungen sind jedoch in vielen Fällen verzerrt« rekonstruieren kann, womöglich (wie hier) nicht im genauen Wortlaut, aber in der richtigen Bedeutung.

Übung: Eine freie Rede mithilfe der Loci-Technik vorbereiten

Wenn Sie möchten, halten Sie (vor Ihrem Badezimmerspiegel oder einem Freund als Publikum) ein kleines Referat über die wichtigsten Tätigkeitsfelder Ihres Berufes (oder des liebsten Hobbys).

Stellen Sie zunächst die wichtigsten Punkte auf einem Zettel zusammen. Die Anzahl der Aussagen, die Sie bei Ihrem Vortrag vorbringen wollen, sollte nicht größer sein als die Zahl der Orte, an die Sie sie später anbinden. (Es lassen sich – wie oben – auch Thesen zusammenfassen.) Bringen Sie nun die Argumente in eine logisch nachvollziehbare Reihenfolge.

Verwandeln Sie die mehr oder weniger unanschaulichen Darlegungen in konkrete Bilder oder Geschichten, die Sie mit dem jeweiligen Locus fantasievoll verknüpfen. Prüfen Sie anschließend in der Vorstellung nach, ob sich anhand der Ort-Abfolge alle ursprünglichen Aussagen sicher rekonstruieren lassen. Halten Sie jetzt Ihre kleine Rede und stellen Sie fest, ob Ihnen die Methode zusagt, vielleicht auch, was nachfolgende berufliche Aufgaben betrifft.

V.
Gespeichertes sicher abrufen

Während es im letzten Abschnitt um wirksame Strategien ging, mit deren Hilfe sich verschiedene Informationen sicher einprägen ließen, möchte ich Ihnen nun einige Methoden vorstellen, durch die Sie den gewünschten Gedächtnisinhalt meistens auch dann aus der Erinnerung abrufen können, wenn dies nicht auf Anhieb gelingen will. Natürlich hängen beide Prozesse miteinander zusammen. Je vielfältiger und assoziativer Sie bestimmte Sinneseindrücke verarbeiten, je mehr Aufmerksamkeit und Interesse Sie einer Erfahrung entgegenbringen, desto wahrscheinlicher werden Sie sie später problemlos präsent haben. In anderen Fällen brauchen Sie vielleicht eine Gedächtnisstütze.

1. Gedächtnisstützen im Alltag

Ein Großteil unserer Vergesslichkeit im Alltagsleben lässt sich durch eine Anbindung der häufig übersehenen Dinge oder Handlungen an gewohnte Routinetätigkeiten verhindern. Ein Beispiel: Wenn Ihnen der Arzt im Krankheitsfall verordnet hat, ein bestimmtes Medikament »dreimal täglich nach dem Essen« einzunehmen, berücksichtigt er nicht nur die Wirkungsweise der menschlichen Verdauung, sondern auch die Struktur Ihres Gedächtnisses. Die Tätigkeit »Essen« dient hierbei als eine Art Anker für das Verhalten »Tablette schlucken«. Falls Sie dreimal am Tag eine Mahlzeit zu sich nehmen, erinnern Sie sich nach jedem Essen an die Arznei. Durch die Verknüpfung der Gewohnheitshandlung »Nahrungsaufnahme« mit dem, was Sie sich merken wollen, wird die Einnahme des Medikaments nicht mehr vergessen und bald zum Routineverhalten.

Auf die gleiche Weise haben Sie längst zum Beispiel das Ausschalten der Lichter, bevor Sie die Wohnung verlassen, oder das Absperren Ihres Hauses an gewohnte Handlungen gekoppelt. Dieses Prinzip können Sie ausbauen.

Übung: Alles dabei?

Falls Sie ab und zu daheim etwas vergessen, ließe sich etwa der Anblick Ihrer Wohnungstür kurz vor dem Weggehen als Anker dafür verwenden, noch einmal kurz inne zu halten und zu überprüfen: Habe ich alles mitgenommen, was ich brauche? Den Geldbeutel, den Haus- und den Autoschlüssel, einen Regenschirm, vielleicht ein kleines Geschenk?

Ganz analog ist es natürlich auch möglich, vor dem Verlassen einer Örtlichkeit – ob Restaurant, U-Bahn oder Arbeit – und damit an diese Handlung angebunden, noch einmal zurückzublicken und sich zu vergewissern, dass Sie nichts vergessen haben.

Übung: Wichtige Objekte optisch verankern
Ebenso können Sie einen festen Platz als visuellen Anker für Gegenstände verwenden, an die Sie unbedingt denken wollen. Wichtig wäre hier, dass es sich um einen Ort handelt, der sich unmöglich übersehen lässt, bevor Sie aus der Wohnung gehen. Das ist vielleicht Ihr Telefontisch, der Fernseher oder eine Kommode im Flur. Des Weiteren sollten Sie bei einem Platz bleiben, der sich als günstig erwiesen hat.
Jetzt müssen Sie nur noch, am besten sobald es Ihnen einfällt, die Dinge, die Sie am nächsten Tag mitnehmen wollen, an diesen Ort legen. Den Routineblick zu Ihrem visuellen Anker, jedes Mal bevor Sie das Haus verlassen, werden Sie sich schnell angewöhnen.

Sicher sind Sie auch schon einmal aus einer Tätigkeit herausgerissen worden, ohne danach sofort zu wissen, womit Sie sich gerade beschäftigt haben. In solchen Fällen empfiehlt es sich, zunächst zu dem Ort zurückzugehen, an dem Sie sich zuvor befanden. Konzentrieren Sie sich auf die sichtbaren Umgebungsmerkmale und überprüfen Sie, ob etwas an das erinnert, was Sie gerade taten (oder tun wollten).
Möglicherweise reichen die vorhandenen Umweltreize nicht aus. Forschen Sie in Ihrem Gedächtnis nach den

Kontextbedingungen Ihrer vorigen Beschäftigung, also den zeitlichen, inhaltlichen und gefühlsbezogenen Umständen. Wie lange waren Sie tätig, was bewegte Sie während dieser Zeit, in welchem beruflichen oder privaten Zusammenhang stand Ihr Tun? Was hat Sie motiviert, wer oder was hat den Anstoß zum Handeln gegeben? Welche Gegenstände brauchten Sie dazu und wie ging es Ihnen dabei? Wie lange hätte die Beschäftigung mit der Sache aller Voraussicht nach noch gedauert? Über eine Beantwortung derartiger Fragen lässt sich normalerweise rekonstruieren, womit Sie eben noch beschäftigt waren.

Wenn Sie einmal eine bestimmte Sache nicht wiederfinden können: Suchen Sie zunächst in Ihrer Erinnerung! Stellen Sie sich das gewünschte Objekt zunächst in allen Sinnesqualitäten vor. Denken Sie anschließend darüber nach, wann und in welchem Zusammenhang Sie den Gegenstand zum letzten Mal gesehen haben. Dann überlegen Sie, wo im Raum und in welcher Position Sie die Sache zuletzt in der Hand hatten. Diesen Ort visualisieren Sie in Ihrer Vorstellung (gehen Sie ruhig ganz verschiedene in Frage kommende Plätze durch, bis Sie fündig werden), danach überprüfen Sie in der Wirklichkeit, ob Ihre Intuition stimmt.

Erst wenn dieses Vorgehen erfolglos bleibt, sollten Sie systematisch an den Orten nachsuchen, wo Sie das Objekt normalerweise aufbewahren, dann auch an unwahrscheinlicheren Plätzen. Könnte der Gegenstand in eine schlecht einsehbare Ecke gerutscht sein? Wäre es denkbar, dass ihn jemand mitgenommen hat oder dass Sie die Sache schlicht verliehen haben?

Es kann aber auch durchaus sinnvoll sein, auch abhängig vom subjektiven Wert des Objekts, statt der üblichen Hektik und der wilden Flucherei erst einmal eine Pause zu machen, vielleicht ein wenig zu entspannen, und später weiterzusuchen – oder darauf zu hoffen, dass der Gegenstand schon irgendwann auftauchen wird, zufällig oder bei einem Hausputz.

2. Orte wiederfinden

Dass sinnvolle Merkstrategien und erfolgreicher Wiederabruf aus dem Gedächtnis miteinander zusammenhängen, wird beim räumlichen Vorstellungsvermögen besonders deutlich. Wenn Sie vorhaben, sich eine neue Wegstrecke einzuprägen, steht Ihnen eine Vielzahl von Möglichkeiten zur Verfügung, die Sie auch miteinander kombinieren können.

■ Manchen Menschen fällt es leicht, sich an den Himmelsrichtungen zu orientieren. Nördlich des Äquators geht die Sonne bekanntlich immer im Osten auf und im Westen unter, mittags steht sie im Süden. Nachts lässt sich der Polarstern im Norden anhand des Abstands zum Sternbild »Großer Wagen« bestimmen.

■ Wenn Sie vor jeder Richtungsänderung auffällige Merkmale der Umgebung in ihrer jeweiligen Anordnung registrieren (wie ein bestimmtes Geschäft auf der rechten Straßenseite, bevor Sie links abbiegen müssen, der Parkplatz unter dem größten Baum oder ein rosafarbenes Haus vor der vierten Seitenstraße rechts), werden Sie die neue Route beim zweiten Mal wahrscheinlich ohne Stadtplan wissen. Um später problemlos den Rückweg zu finden, können Sie außerdem (wenigstens zu Fuß oder auf dem Fahrrad) nach jeder Abzweigung noch einmal kurz zurückblicken, denn aus dieser Perspektive nehmen Sie die Strecke später wahr.

■ Ganz ähnlich lässt sich der Standort Ihres Wagens einprägen, sollten Sie ihn einmal auf einem ungewohnten, vielleicht etwas abgelegenen Platz geparkt haben. Speichern Sie auch hier ein paar Umgebungsmerkmale ab: Leuchten Straßenlaternen oder ist der Parkplatz eher dunkel? Befindet sich in der Nähe eine Kreuzung? Wie sieht sie aus? Wie das Haus, vor dem Ihr Auto steht? Fallen Ihnen Eselsbrücken zu den Straßennamen ein? Auf welcher Position und in welcher Entfernung befindet sich der Wagen im Verhältnis zur nächsten Einmündung, dem nächsten auffälligen Umgebungsmerkmal? Blicken Sie noch einmal zurück, bevor Sie den Ort verlassen, auf diese Art prägen Sie sich die Rückwegs-Perspektive ein.

■ Wenn Straßen und Häuserblocks rechtwinklig zueinander angeordnet sind, lässt sich die richtige Fortsetzung

Ihrer Route nach einer Umleitung ohne Schwierigkeiten errechnen: Nachdem Sie viermal rechts bzw. viermal links abgebogen sind, müssten Sie wieder an Ihrem Ausgangsort angekommen sein.

■ Mithilfe eines Stadtplanes können Sie die Fahrtstrecke im Vorhinein durchgehen und visuelle oder auditive Vorstellungen zur Unterstützung verwenden. Zum Beispiel »Kreisverkehr nach einer halben Umdrehung verlassen, an der nächsten großen Kreuzung links« (Visualisierung) oder »rechts auf die Braunschweiger Straße, dann bei der vierten Einmündung links abbiegen« (akustische Speicherung). Verknüpfen Sie außerdem den aktuellen Weg mit Ihrem Vorwissen, indem Sie neue mit bereits vertrauten Teilen der Strecke verbinden. Auf diese Weise erweitern Sie schrittweise Ihre »mentale Landkarte« im Gedächtnis. Versuchen Sie, wo es geht, den Stadtplan nach dieser Vorbereitung im Handschuhfach zu lassen – oder ganz auf ihn zu verzichten. Konzentrieren Sie sich auch als Beifahrer auf die eingeschlagene Route und trainieren Sie auf diese Weise Ihr Orientierungsvermögen.

Manche Menschen speichern räumliche Informationen innerhalb von Sekunden ab, andere Personen, deren Erinnerungs-Schwerpunkte woanders liegen, brauchen länger. Und wenn Sie eine bestimmte Strecke bereits gut kennen, lässt sich Ihr Orientierungs-Gedächtnis durch Umwege trainieren – abgesehen davon, dass es durchaus Spaß machen kann, ungewohnte Wege zu gehen.

Übung: Andere Wege gehen
Wenn Sie in Ihrer Freizeit jemanden besuchen wollen, wählen Sie einen anderen Fahrtweg als sonst, ob mit dem Fahrrad, dem Auto oder öffentlichen Verkehrsmitteln. Voraussetzung: Sie kennen die Strecke bereits in- und auswendig, haben also eine räumliche Routine dafür entwickelt. Falls Sie nun eine andere Strecke als die übliche nehmen, ergänzen Sie das Gedächtnisareal, in dem dieser Weg repräsentiert ist, um einige neue Verbindungen. Ihre mentale Landkarte erweitert sich also. Außerdem bleiben Sie in mehrerlei Hinsicht beweglich, wenn Sie ab und zu neue Wege gehen.

3. Mentale Blockaden meistern

Wenn es Ihnen einmal nicht auf Anhieb gelingen will, eine bestimmte Information aus dem Gedächtnis zurückzuholen, so liegt dies in den meisten Fällen nicht daran, dass Sie die betreffende Erfahrung vergessen haben. Es hat oft nur der eingeschlagene Abrufweg nicht zum Ziel geführt, weswegen Sie einen anderen ausprobieren sollten. Vergleichbar vielleicht einer Bibliothek, wo Sie ein gewünschtes Buch nicht sofort im Regal finden konnten und daher auf das computergestützte Titelverzeichnis oder auf Magazinbestände zurückgreifen müssen.
Ähnliche Gedächtnisschwierigkeiten treten häufig auf bestimmten Gebieten auf:

- Namen erinnern
- erlebte oder berichtete Erfahrungen ins Bewusstsein zurückholen
- Fakten reaktivieren
- unerwartete, meist auf ein Detail bezogene Blackouts

In solchen Fällen ist es möglich, sich über alternative Abrufwege an die gewünschte Information heranzutasten oder das Problem elegant zu umgehen. Allgemein gilt: Sollte es Ihnen häufig schwer fallen, die einmal gemerkten Assoziationen zu neuen Namen oder anderen Inhalten ins Gedächtnis zurückzuholen, ist es wahrscheinlich sinnvoll, die Visualisierungen der Eselsbrücken länger als 15 Sekunden im Bewusstsein zu halten, probehalber akustische Erinnerungsstützen oder einprägsamere Vorstellungen als bisher zu verwenden.

Falls Ihnen der Name einer bestimmten Person vorübergehend entfallen ist, versuchen Sie, wenn Sie ein wenig Zeit haben, sich dieser Information über verschiedene Gedächtnispfade zu nähern. In welchem Zusammenhang haben Sie den anderen oder die andere kennen gelernt? Waren es berufliche oder private Umstände? Welche genau? Was für Merkmale dieser Person sind Ihnen noch in Erinnerung? Wie sah sie aus, welche Frisur, welche Kleidung trug sie? Wie wirkten Sprechweise, Haltung und Gestik auf Sie? Wie sympathisch oder unsympathisch war Ihnen Ihr Gegenüber?

Dann rufen Sie den Kontext zurück, in dem Sie den Namen dieses Menschen zum ersten Mal gehört haben. Stellte er sich selbst vor oder wurde er Ihnen vorgestellt? Von wem? Woran dachten Sie zunächst, als Sie den Namen hörten? Bildete sich vielleicht sofort eine spontane Assoziation?

Wenn Sie hier nicht weiterkommen, erinnern Sie sich an mögliche Merkmale des Namens. Klang er eher gewöhnlich oder ungewöhnlich? Einfach oder kompliziert? Deutsch oder aus einer anderen Sprache? Aus welcher? Haben Sie diesen Namen zuvor schon einmal gehört? Wenn ja, in welchem Zusammenhang? Kennen Sie jemanden, der genauso heißt?

Denken Sie an den Klang oder die etwaige Bedeutung des Namens. Sie haben auch die Möglichkeit, das Alphabet im Kopf durchzugehen und zu überprüfen, mit welchem Buchstaben der gesuchte Name beginnen mag.

Wenn das alles nicht zum Erfolg führt, gibt es bestimmt einen gemeinsamen Bekannten, den Sie fragen können. Außerdem: Was spräche dagegen, die gesuchte Person bei der nächsten Begegnung einfach noch einmal zu fragen, wie sie heißt.

Glücklicherweise sind Lebenserfahrungen, meist in Form von Geschichten oder Anekdoten, wegen ihrer mannigfaltigen Vernetzung ohnehin recht gut im Gedächtnis repräsentiert. Das können eigene Erlebnisse oder solche von anderen Menschen sein, der Bericht eines

Freundes ebenso wie die Handlung eines spannenden Spielfilms.

Falls Sie also an eine interessante Begebenheit zurückdenken, ist Ihnen möglicherweise zunächst nur das grobe Gerüst der Erfahrung präsent. Nutzen Sie diese Fragmente Ihrer Erinnerung gleichsam als Anker für weitere Aspekte und Einzelheiten.

In welcher Lebensphase, in welcher Jahres- und zu welcher Tageszeit machten Sie die gesuchte Erfahrung oder hörten von ihr? Wie ging es Ihnen damals und wie fühlten Sie sich, als Sie das Erlebnis hatten?

Welche Menschen außer Ihnen selbst waren beteiligt, was taten oder sagten sie? Welche Informationen bräuchte jemand ohne Vorkenntnisse, um zu verstehen, warum sich das Ereignis auf genau diese Weise zugetragen hat? Gibt es eine Pointe oder einen Höhepunkt der Geschichte?

Sollte es sich um eine angenehme Erinnerung handeln, können Sie jetzt mit geschlossenen Augen der Erfahrung auf allen Sinnesebenen nachspüren. Was nahmen Sie damals mit Ihren Augen, den Ohren, der Nase, dem Geschmacks- und dem Tastsinn wahr? Wie sahen Sie damals aus, wie die Beteiligten? An welchem Platz fand das Ereignis statt und wie wirkte dieser Ort auf Sie?

Auf diese assoziative Weise müsste es Ihnen gelingen, sich viele Lebenserfahrungen, die potenziell (wenn auch subjektiv verzerrt) in Ihrem Bewusstsein verfügbar sind, wenigstens teilweise in Erinnerung zu rufen. Das können Sie in einer kleinen Übung ausprobieren.

Übung: Eine Erfahrung aus der Vergangenheit reaktivieren

Denken Sie einmal an die Zeit Ihres Schulabschlusses zurück. Wie gut gelang Ihnen die letzte Prüfung? Wie fühlten Sie sich danach? Stand Freude, Erleichterung oder die Frage nach der Zukunftsperspektive im Vordergrund? Was taten Sie gleich im Anschluss? Gingen Sie etwas essen oder trinken? Gab es eine Feier oder eine Party? Wer war dort anwesend, was taten Sie? Wie war die Stimmung? Bekamen Sie auch Geschenke? Wie war die Reaktion Ihrer Familie, wie die Ihrer Freunde, Ihres Partners oder Ihrer Partnerin? Machen Sie sich mit geschlossenen Augen den Ablauf dieses Tages bewusst. Erinnern Sie sich an das, was Sie sahen, hörten, schmeckten oder fühlten. Vielleicht gelingt es Ihnen nach einer Weile sogar, sich die einzelnen Handlungen und den ungefähren Verlauf der Gespräche in Erinnerung zu rufen.

Wenn Ihnen eine bestimmte Information nicht in den Sinn will und Sie ein bisschen Zeit haben, können Sie auf ganz analoge Weise vorgehen und das Wissensfragment assoziativ einkreisen.

Wann haben Sie zum ersten (oder zum letzten) Mal etwas darüber erfahren? Welche allgemeinen Lebensumstände herrschten damals bei Ihnen? Welches Medium hat Ihnen wo und wann die Information vermittelt? War es ein Buch oder eine Zeitschrift, das Fernsehen oder das Internet, ein Freund oder ein Kollege? In welcher Situation und in wel-

chem Zusammenhang haben Sie davon gehört und wie ging es Ihnen, als Sie das Faktum kannten?
Rekonstruieren Sie auch den inhaltlichen Kontext des gesuchten Wissens und stellen Sie Bezüge zu Ihren Vorerfahrungen her. Womit hingen die momentan nicht erreichbaren Fakten sachlich zusammen? Um welches Fachgebiet und welchen speziellen Bereich ging es? Tasten Sie sich auf möglichst vielen Sinneskanälen an die gewünschte Tatsache heran. Assoziieren Sie, ausgehend von allen Rahmenbedingungen, die Ihnen einfallen, in die Richtung der gesuchten Information.

In manchen Fällen haben Sie nicht genug Zeit, um nach einem kurzfristigen Erinnerungsausfall systematisch im Gedächtnis zu recherchieren, etwa bei einem Black-out während eines Vortrags. (Wie sich übermäßig selbstkritische Grübeleien und andere innere Ablenkungen sinnvoll stoppen lassen, wird in Abschnitt 4 [»Souveräner Umgang mit Fehlern und Schwächen«] beschrieben.) Blackouts betreffen normalerweise nur einen bestimmten Begriff oder ein gewisses Detail, das Sie vorübergehend nicht erreichen können. Zum Problem wird die Sache nur, wenn sie Sie gedanklich gefangen nimmt und verunsichert. Eine gute Alternative wäre es, das nicht erreichbare Wort geschickt zu umgehen oder mit anderen Worten zu umschreiben (Paraphrasierung).
Sollte Ihnen zum Beispiel im Rahmen eines Referats zur Entwicklung der deutschen Automobilindustrie der unge-

wöhnliche Name Wendelin Wiedeking nicht einfallen, fällt dieser Lapsus niemandem auf, wenn Sie den Namen durch die Umschreibung »der Vorstandsvorsitzende der Porsche AG« ersetzen.

Diese Methode, mögliche Gedächtnisausfälle mit anderen Worten zu paraphrasieren, können Sie an dem nun folgenden Lückentext üben, einer Wiederholung aus Kapitel II zur Unmittelbaren Wahrnehmung. Dieser Abschnitt enthält einige »künstliche Black-outs«, jeweils gekennzeichnet durch drei Bindestriche (- - -). (Nur zum Trainieren, in der Realität ist es äußerst selten, dass Ihnen der Abruf gleich mehrerer Schlüsselbegriffe nicht gelingen will.)

Übung: Gedächtnisausfälle flexibel bewältigen

Formulieren Sie den nachfolgenden Text so um, dass er Ihrer individuellen Ausdrucksweise entspricht, und umgehen oder umschreiben Sie die fehlenden Wörter ohne weitere Vorbereitung. Schlagen Sie erst im Anschluss an das Experiment auf Seite 25 nach, ob Sie den Inhalt ungefähr getroffen haben.

»Die manuelle Eingabe eines handgeschriebenen Textes in den Computer ist ein typisches Beispiel für die effektive Arbeit Ihrer Unmittelbaren Wahrnehmung. Jedes Wort bleibt gerade so lange in Ihrem (- - -), bis Sie es eingetippt haben, um dann dem nächsten Platz zu machen. Durch die fortlaufende (- - -) der nicht mehr aktuellen Informationen mit neuen (- - -) wird Ihre erste Speicherungseinheit,

die Unmittelbare Wahrnehmung, nicht mit (- - -) verstopft. Deren Wirkungsdauer beträgt dementsprechend nur ungefähr (- - -).
Die meisten Erfahrungen, die Ihr sensorisches Gedächtnis kurzzeitig registriert, bleiben (- - -).«

4. Souveräner Umgang mit Fehlern und Schwächen

Wer sich zum Beispiel in Vorbereitung einer Prüfung an Schule oder Universität statt mit den Lerninhalten meist mit Überlegungen beschäftigt wie »Ich verstehe überhaupt nichts« oder »Das schaffe ich nie«, der speichert in dieser Zeit nicht etwa seinen »Stoff«, sondern eben, dass er sich für lustlos und überfordert hält. Massiver noch als andere Ablenkungen verschlechtern solche destruktiven Gedanken die Stimmung und verhindern außerdem jede Konzentration auf das, was der Betroffene eigentlich lernen möchte. Vielleicht wird sein Widerwille mit der Zeit so groß, dass er sich schließlich überhaupt nicht mehr mit den Inhalten beschäftigt und sein mittlerweile unterentwickeltes Selbstwertgefühl zum tatsächlichen Versagen in der Prüfungssituation beiträgt. Ein Beispiel übrigens für eine selbsterfüllende Prophezeiung.
Doch so weit muss es nicht kommen. In vielen Fällen genügen schon organisatorische Maßnahmen wie sinnvolle Stoffaufteilung, ausreichende und entspannende

Pausen (mindestens alle anderthalb Stunden), angenehme Selbstbelohnungen nach der Arbeit oder die Orientierung an einer Lektüre zum Thema, die Sie auch interessiert, um ein positives Grundgefühl beim Lernen zu entwickeln. Wenn Sie einmal etwas nicht auf Anhieb begreifen, empfehlen sich Gedanken, die eine Bewältigung der Aufgabe in Aussicht stellen, also zum Beispiel »Welche Informationen brauche ich, um zu verstehen, worum es geht, und wo finde ich sie« oder »Ist dieser Abschnitt wirklich von zentraler Wichtigkeit oder kann ich ohne ihn weitermachen«. Grundlage dafür ist die positive Einschätzung der eigenen Fähigkeiten, ein Problem auch in schwierigen Situationen zu lösen. Das können Sie üben.

Übung: Mit eigenen Schwächen konstruktiv umgehen
Versuchen Sie sich, am besten mit geschlossenen Augen, an zwei oder drei Erlebnisse der letzten Monate zurückzuerinnern, wo Ihre Erinnerung Sie vorübergehend im Stich gelassen hat, sei es ein vergessener Name, ein bestimmter Begriff oder ein Schlüsselbund. Skizzieren Sie diese Ereignisse stichpunktartig auf einem Blatt Papier und formulieren Sie anschließend schriftlich zu jeder Situation ...

... eine Überlegung, die das Problem ohne Abwertung der eigenen Person beschreibt und Ihre Bewältigungsfähigkeiten betont.

… eine konkrete Idee, wie Sie sich von verschiedenen Seiten an die gewünschte Information hätten herantasten können (wenn Sie die Gedächtnis-Störung nicht schon damals auf Ihre Weise behoben haben). Auch ein Umschreiben oder Umgehen des Black-outs ist hier möglich.

Nicht wenige Leute leiden unter dem selbst gesetzten Druck, alles perfekt machen zu müssen. Dadurch entstehen Fehler bekanntlich erst recht, außerdem drückt die Maxime »Ich darf nichts falsch machen« dauerhaft auf die Stimmung. Die nachfolgende Übung kann aber auch selbstbewussteren Menschen interessante Erkenntnisse vermitteln – und außerdem größere Sicherheit, falls Sie sich tatsächlich einmal verhaspeln. Bauen Sie in einen kleinen Vortrag (vor dem Spiegel oder einem guten Freund gegenüber) bewusst einige Versprecher ein.

Übung: Bewusst Fehler machen
Das Thema Ihres kleinen Referats könnte zum Beispiel wieder Ihre aktuelle berufliche Tätigkeit oder die Darstellung Ihres liebsten Hobbys sein. Bauen Sie in den freien Vortrag drei Versprecher ohne und dann drei mit anschließender Korrektur – aber ohne sich zu entschuldigen – ein. Nehmen Sie jeweils wahr, wie Sie sich fühlen (möglichst ohne Bewertung dieser Emotion), und wiederholen Sie die Übung so lange, bis kein unangenehmes Gefühl mehr auftritt. Denn irgendwann geht die körperliche Erregung ganz von selbst wieder auf das normale Maß zurück.

Beobachten Sie außerdem, wie etwa die Nachrichtensprecher im Fernsehen mit Versprechern umgehen (die lernen das übrigens auf ganz ähnliche Weise), und registrieren Sie, ob Ihnen die Person auf dem Bildschirm durch die Art und Weise, wie sie mit dem Fehler umgeht, eher weniger sympathisch oder eher sympathischer wird.

Wer beim Lernen an einer Stelle nicht weiterkommt und sich einfach nicht auf die Inhalte konzentrieren kann, hat normalerweise entweder ein Motivationsproblem oder er lässt sich von einer Störung ablenken.
Im Allgemeinen lernen Menschen, die etwas für sich selbst tun wollen (und nicht, weil ein anderer es von ihnen erwartet), und die ein Interesse an der Sache entwickeln, mit größerer Motivation. Hoch motivierte Personen denken oft, das Ergebnis einer Prüfung hinge großenteils davon ab, wie gut oder schlecht sie sich darauf vorbereitet haben, weniger von nicht zu beeinflussenden Faktoren wie Glück, Pech oder Zufall.
Das lässt sich auch üben. Eine wichtige Grundlage wäre, dass Sie sich Ihrer Stärken mindestens so bewusst sind wie Ihrer Schwächen. Das ist das Ziel des nächsten Experiments.

Übung: Die eigenen Stärken richtig einschätzen und zur Geltung bringen
Notieren Sie sämtliche Fähigkeiten und Talente, die Sie besitzen, auf einem Zettel. Hören Sie erst damit auf,

wenn Ihnen auch bei längerer Überlegung nichts mehr einfällt, und berücksichtigen Sie nicht nur Ihre intellektuellen Kompetenzen, sondern auch Ihre praktischen, handwerklichen, sozialen, künstlerischen oder musischen Potenziale.

Beim nochmaligen Durchlesen werden Sie möglicherweise feststellen, dass Ihnen weit mehr Talente eingefallen sind, als Sie zunächst bei sich vermutet hätten. All diese Stärken können eine wichtige Unterstützung für Ihre Motivation darstellen, sich über einen längeren Zeitraum hinweg mit einer bestimmten Sache zu beschäftigen.

Dann schreiben Sie stichpunktartig zu jeder Fähigkeit die jeweiligen Bedingungen oder Umstände, unter denen Sie sie optimal einsetzen können. (Einer wird vielleicht am besten in seinem Hobbykeller basteln können, wenn er vollkommen ungestört ist, ein anderer hingegen bevorzugt leise Musik, wenn er spannende Romane liest.) Konzentrieren Sie sich hierbei, wenn es um die Vorbereitung auf ein Referat oder um eine Prüfung geht, vor allem auf Aspekte, die im Zusammenhang mit der Vorbereitung dieser Arbeit stehen. Möglicherweise brauchen Sie nur einen helleren Arbeitsplatz oder den Mut, Handy und Telefon auf Mailbox bzw. Anrufbeantworter zu beschränken, um motiviert lernen zu können. Finden Sie heraus, wie sich Ihre Lernumgebung, Pausen und die Belohnung danach so gestalten lassen, dass es Ihren spezifischen Bedürfnissen entspricht, und wenden Sie diese Erkenntnisse anschließend in der Praxis an.

Im Hintergrund von Prüfungsangst und vielen Lernproblemen stehen häufig negative Gedanken, die sich statt mit der Lösung der jeweiligen Aufgabe meist mit der Abwertung der eigenen Person befassen, also mit tatsächlichen oder vermeintlichen Fehlern, Unfähigkeiten oder Schuldfragen. Eine Konzentration auf das gefragte Thema wird in manchen Fällen ebenso schwierig wie die Aufrechterhaltung von Selbstwertgefühl und guter Stimmung.

Hier empfiehlt sich eine von der Verhaltenstherapie entwickelte Technik, die »Gedankenstopp« genannt wird. Das Prinzip dieser Methode ist ganz einfach, ihre Ausführung erfordert jedoch etwas Zeit und Energie.

Übung: Negative Gedanken mit Gedankenstopp loswerden

■ Zunächst notieren Sie sämtliche destruktiven Gedanken, die Sie in bestimmten Situationen beschäftigen, auf ein Blatt Papier; entweder aus dem Gedächtnis oder, falls Ihnen diese Überlegungen nicht präsent sind, im aktuellen Fall.

■ Formulieren Sie anschließend einen positiven, für Sie selbst vergleichsweise glaubwürdigen Gegengedanken. Diese Überlegung sollte sich auf eine konstruktive Bewältigung der anstehenden Aufgabe beziehen und in der Ich-Form ausgedrückt werden, also zum Beispiel »Wahrscheinlich werde ich die Prüfung gut bestehen«.

■ Sobald jetzt in einer typischen Situation in Ihrem Bewusstsein einer der üblichen selbstabwertenden Sätze beginnt, rufen Sie innerlich laut »Stopp!« (Sie können sich, falls Sie ein eher visueller Typ sind, zusätzlich noch ein großes rot-weißes Stoppschild vorstellen.) Denn mit welchen Negativaussagen und fortgesetzten Grübeleien es sonst weitergeht, wissen Sie bereits. Also hat Ihnen der destruktive Gedanke nichts Neues oder Sinnvolles zu sagen und kann daher mit dem innerlichen Stoppsignal unterbrochen und beendet werden.

■ Da »Stopp« noch keine Alternative zu der negativen Überlegung darstellt, setzen Sie gleich im Anschluss an das Signal den zuvor formulierten, positiven Gegengedanken ein. (Etwa: »Ich werde das nie ... STOPP! Wahrscheinlich werde ich die Prüfung gut bestehen.«)

■ Da Sie die destruktiven Grübeleien normalerweise allein durch die dauernde Wiederholung intensiv erlernt haben, wird ein Umlernen durch die Gedankenstopp-Methode seine Zeit benötigen. In der ersten Zeit werden Sie das »Stopp!« und den Gegengedanken relativ oft einsetzen müssen, da negative Gedanken eine Tendenz zur Beharrung aufweisen.

Auch sollten Sie mit Rückschlägen rechnen, Momenten, in denen die destruktiven Grübeleien vorübergehend wieder voll zur Geltung kommen. Weiterhin wird den meisten Menschen diese Technik zunächst sehr künstlich erscheinen, vergleichbar dem Versuch, die weniger schönen Seiten der Wirklichkeit durch »positives Denken« auszublenden. Das Seltsame ist nur: Die Gedankenstopp-Methode funktioniert und wirkt in vielen Fällen hervorragend, auch etwa in der Psychotherapie mit neurotisch Depressiven.

5. Tipps zur Prüfungsvorbereitung

Wenn Sie vorhaben, sich auf eine schriftliche oder mündliche Prüfung vorzubereiten, ist eine angemessene und auf Ihre individuellen Bedürfnisse zugeschnittene Einteilung der Zeit, die Sie mit dem Stoff verbringen wollen, fast so wichtig wie die Konzentration auf das Thema.
Orientieren Sie sich hierbei an Ihrem persönlichen Lernrhythmus. Manch einer lernt effektiver, wenn er sein Fachgebiet in kleine, überschaubare Einheiten unterteilt und sich über einen längeren Zeitraum hinweg, vielleicht ein halbes Jahr lang, mit dem Lernstoff auseinander setzt. Einem anderen fällt das kurzfristige, zeitintensive »Einpauken« leichter. Überprüfen Sie jedoch Ihre Motivation: Einige Menschen, die mit Ihrer Vorbereitung immer erst im letztmöglichen Moment beginnen, tun dies nicht, weil ihnen diese Methode tatsächlich entspricht. Sie sind vielmehr schlecht von innen heraus motiviert und können sich erst unter hohem äußeren Druck (Prüfungstermin in zwei Wochen) dazu überwinden, den Tag am Schreibtisch zu verbringen.
Kleine Stoffmengen, über längere Zeit wiederholt und in einer subjektiv sinnvollen Reihenfolge (etwa zunächst die Grundlagen, dann wichtige spezielle Aspekte, schließlich

noch einmal das Wichtigste in einer Zusammenfassung) entsprechen eher der natürlichen Arbeitsweise unseres Gedächtnisses. Auf diese Weise hat Ihr Gehirn ausreichend Gelegenheit, die entscheidenden Zusammenhänge dauerhaft im Langzeitgedächtnis abzuspeichern, mit früheren Erkenntnissen zu vergleichen und verschiedene Abrufwege einzuüben. Fordern Sie sich, aber überfordern Sie sich nicht.

Einige andere Aspekte können die Lernmotivation erhöhen: Ihr Arbeitsplatz sollte ruhig und hell sein und Sie sollten dort bequem sitzen können. Richten Sie sich ein Ordnungssystem ein, das zu Ihnen passt, mit dem Ziel, schnell zu finden, was Sie benötigen. Von der Minimierung äußerer Ablenkungen war bereits die Rede: Keine Termine, die Familie gegebenenfalls um einige Stunden Ruhe bitten, Telefone deaktivieren, das können wichtige Punkte sein.

In den regelmäßigen Pausen (vielleicht 20 Minuten alle ein bis anderthalb Stunden) können Sie sich sportlich betätigen, Entspannungsübungen machen (siehe Kapitel III) oder etwas anderes tun, was Ihnen gefällt. Hauptsache, es hat nichts mit dem Lern-Thema oder mit anderen geistigen Anstrengungen zu tun. Belohnen Sie sich außerdem nach Feierabend für die geleistete Arbeit und nehmen Sie sich etwas Schönes vor.

Am Beispiel einer Uni-Prüfung möchte ich ein wenig näher darstellen, wie Sie den jeweiligen Stoff so strukturieren können, dass Sie sich in der Examenssituation mit großer Wahrscheinlichkeit an die wichtigsten Fakten und die entscheidenden Zusammenhänge erinnern werden.

Thema Literaturrecherche: Im Vordergrund sollten zunächst folgende Fragen stehen: Welche Bücher, welche Fachartikel hat der prüfende Dozent in seinen Veranstaltungen empfohlen? Was für Tipps können Ihnen Kommilitonen geben, die diese Aufgabe bereits bewältigt haben? Ebenso wichtig sind die thematischen Aspekte, die Sie persönlich interessieren. (Wer sich in diesem Zusammenhang für nichts begeistern kann, studiert entweder das Falsche oder er ist in behandlungsbedürftigem Maße depressiv.) Aus einem Buch, das Sie wirklich fesselt, oder einem spannenden Praktikum lernen Sie in jedem Falle mehr, als wenn Sie sich durch zwanzig trockene Abhandlungen quälen. Denn Sie wissen ja: Nur was uns in irgendeiner Weise emotional bewegt, können wir auch wirklich zuverlässig abrufen.

Entscheidend ist auch, woher sich die prüfungsrelevante Literatur beziehen lässt: Aus einer Bibliothek oder im Fachbuchhandel, als Hochschulskript oder über das Internet? (Komplette Bücher im Laden oder an der Uni zu kopieren lohnt sich im Allgemeinen nicht.)

Anschließend trennen Sie, wie in Kapitel IV beschrieben, die Spreu vom Weizen: Welche Passagen sind für ein grundsätzliches Themenverständnis wichtig, wo geht es um speziellere (und daher nachgeordnete) Fragen? Wo stehen die Kernaussagen, welche Ausführungen sind eher nebensächlich oder stark detailorientiert? (Unwesentliches wird gestrichen, Detailkenntnis – wenn notwendig – auf einen späteren Zeitpunkt verlegt.)

Um einen guten Überblick über ein bestimmtes Fachgebiet zu gewinnen, kann es sinnvoll sein, zunächst eine allgemein verständliche Einführung in den Themenkreis zu lesen und sich erst anschließend mit wissenschaftlicher Literatur im engeren Sinne zu beschäftigen. Auch Zusammenfassungen können, wenn sie verständlich formuliert sind, die ausführliche Lektüre von manch einem Artikel durchaus ersetzen.

Übermäßig abstrakte oder auf den ersten Blick unverständliche Passagen, die trotzdem für das Examen eine Rolle spielen, versuchen Sie so umzuformulieren, dass die Aussagen für Sie einsichtig, plastisch und konkret werden. Danach unterteilen Sie das Stoffgebiet in ungefähr gleich lange Abschnitte, deren Bearbeitungsdauer der Zeit entsprechen sollte, die Sie in der Lage sind, sich ohne Mühe zu konzentrieren. (Anschließend folgt eine Pause.)

Um assoziative Verbindungen zwischen den einzelnen Lerninhalten und auch Verknüpfungen mit Ihrem Vorwissen herzustellen, können Sie die dargestellten Überlegungen, Beispiele und Szenen parallel zur Lektüre vor Ihrem inneren Auge ablaufen lassen (vor allem wenn Sie gerne visuell denken) oder ab und zu das Buch weglegen und sich gedanklich frei mit dem Thema beschäftigen (für den Fall, dass Sie sich eher verbal erinnern). Ganz ähnlich speichern Sie auch den Inhalt eines interessanten Ro-

mans: Sie sehen die geschilderten Vorgänge vor sich ablaufen, als wäre es ein Spielfilm, oder Sie machen sich über das, was Sie lesen, ergänzende Gedanken. Oft spielt auch beides eine Rolle.
Das Ganze ist ein dynamischer Lernprozess, daher kann es ohne weiteres sein, dass sich mit den Wochen und Monaten der Vorbereitung Ihre Aufmerksamkeit sehr viel länger auf das Thema richten lässt als am Anfang. In manchen Momenten sind Sie vielleicht so intensiv mit dem Stoff befasst, dass Sie Ihre Pause eine ganze Weile vergessen, an anderen Tagen ist die Konzentration durch bestimmte Dinge dauerhaft beeinträchtigt.

Wer sich bei der Arbeit, ob im Büro oder während der Vorbereitung auf eine Prüfung, immer wieder abgelenkt fühlt durch Gedanken an etwas ganz anderes, der sollte am besten seine Tätigkeit kurz unterbrechen und sich zunächst mit dem beschäftigen, was ihn in diesem Moment bewegt.
Aus der Gestalttherapie stammt das Konzept der »unerledigten Geschäfte«, die hinter solchen Ablenkungen stehen können. Es besagt im Wesentlichen, dass Dinge, die wir nicht zu einem Ende gebracht haben, ob nun eine bestimmte Aktion oder eine Überlegung, immer wieder ins Bewusstsein drängen und daher eine Konzentration auf die eigentliche Arbeit verhindern. Diese Angelegenheiten müssen zunächst bewältigt werden, bevor Ihre Aufmerksamkeit wieder bereit ist, sich anderen Eindrücken zuzuwenden.

Deshalb empfiehlt es sich in solchen Fällen, sich näher mit dem aufdringlichen Gedanken zu beschäftigen. (Es sei denn, es handelt sich um selbstzweiflerische Grübeleien, die Sie mit der Methode des »Gedankenstopps« aus Kapitel V abwürgen.) Was beschäftigt Sie so intensiv? Ist es etwas, was Sie schon lange tun wollten, aber oft verschoben haben? Dann erledigen Sie die Sache. Oder ist es ein bestimmtes Ereignis, eine Erkenntnis oder ein bestimmter Mensch, der Sie nicht loslässt? In diesem Fall setzen Sie sich zunächst mit dem auseinander, was Sie derzeit bewegt. (Sollte es sehr schwierig sein, sich in dieser Situation mit anderen Themen zu befassen, pausieren Sie doch einfach einen Tag lang und versuchen zunächst, das Problem zu lösen – oder Sie machen etwas völlig anderes.)

Wenn Sie anschließend wieder Ihrer intellektuellen Tätigkeit nachgehen und sich fortan ohne Probleme auf das Arbeitsgebiet konzentrieren können, ist alles in Ordnung. Falls hingegen ein ablenkender Gedanke den nächsten ablöst und auch eine Pause nicht weiterhilft, wäre es sinnvoll, sich zunächst einmal grundsätzlich mit der eigenen Motivationslage zu beschäftigen. Setzen Sie sich gern mit dem betreffenden Fachgebiet auseinander und tun Sie es wirklich für sich? Langweilt Sie ein bestimmter Autor oder ein spezieller Teilbereich, mit dem Sie sich befassen? Wie ist Ihre Grundstimmung? (Eine positive Befindlichkeit ist eine hervorragende Grundlage fürs Lernen, Depressive sind kaum dazu in der Lage, sich zu konzentrieren oder etwas dauerhaft zu speichern.)

Ein wichtiger Punkt wäre dann, festzustellen, was Sie selbst dazu tun können, Ihre Lernsituation zu verbessern: Interessantere Lektüre, ergonomischerer Arbeitsplatz, längere oder erholsamere Pausen. Sie selbst können bestimmt eine Menge dazu tun, Ihre Prüfungsvorbereitung angenehmer und effektiver zu gestalten.

Aus unterschiedlichen Gründen empfiehlt es sich, die individuelle Beschäftigung um einen Austausch in Prüflings-Lerngruppen oder Gespräche mit einem interessierten Kollegen zu ergänzen. Zunächst drängen Sie die regelmäßigen Treffen sanft zu regelmäßiger Vorbereitung. Im Dialog mit den anderen werden fachliche Lücken ausgeglichen, Zusammenhänge und offene Fragen deutlich. Das Wissen vernetzt sich auf diese Weise fast automatisch, die Anzahl der mentalen Abrufwege erhöht sich immens. Außerdem ist eine lockere und humorvolle Gruppenatmosphäre eine gute Grundlage für die Abspeicherung im Gedächtnis.
Weiterhin kann Ihr Gegenüber den Prüfer spielen, sodass Sie sich (mehr oder weniger wirklichkeitsnah) schon im Voraus auf die reale Leistungssituation einstellen können. Je nachdem, ob Ihnen eine mündliche oder eine schriftliche Prüfung bevorsteht, beantworten Sie die von Ihren Kollegen vorbereiteten Fragen im direkten Gespräch, oder in Schriftform. Je ähnlicher Probe- und Prüfungssituation in allen möglichen Aspekten sind, desto größer ist der Übungseffekt.

Darüber hinaus gilt für mündliche Examina, dass es durchaus sinnvoll ist, den jeweiligen Professor aus der ein oder anderen Veranstaltung zu kennen. Möglichst im aktiven Gespräch, denn dann hat auch der Hochschullehrer die Chance, etwas von Ihnen mitzubekommen.

Sie sollten sich wenigstens überblicksweise mit den wichtigen Publikationen des Dozenten beschäftigt haben und seine fachlichen »Steckenpferde« kennen. Aller Erfahrung nach beziehen sich einige Prüfungsfragen auf dieses Spezialgebiet, und Professoren sind normalerweise eitel genug, um es mit Wohlgefallen zur Kenntnis zu nehmen, wenn ein Prüfling ihre entscheidenden Gedanken erwähnt oder berücksichtigt.

Auch Rückfragen an den Hochschullehrer, um zu erfahren, in welche Richtung eine bestimmte Frage wohl ging, sind fast immer gestattet. Sie gewinnen ein bisschen Zeit zum Nachdenken und Ihr Prüfer erkennt, dass Sie sich redlich mühen, zu verstehen, was er gerade wissen möchte. Manchmal wird er die eben gestellte Frage sogar selbst beantworten, ohne dass dies auf Ihre Benotung irgendeinen negativen Einfluss hätte.

VI.
Ausblick: Lebenslanges Weiterlernen

In einem Beitrag über die Londoner »Gedächtnisolympiade« berichtete das Nachrichtenmagazin »Der Spiegel« (28. August 2000) über Gunther Karsten. Der Gedächtniskünstler stellte dar, wie er sich bis zu 400-stellige Zahlenreihen einprägen kann – auf diesem Gebiet Weltrekord. Das Nachrichtenmagazin beschreibt seine Lernmethode: »(Karsten ist es) erstens durch tägliches Üben gelungen, jede Zahl zwischen 1 und 99 mit einem Begriff zu belegen, den er gleichsam reflexartig mit der jeweiligen Zahl assoziiert. Zweitens hat der Denksportler auf verschiedenen Urlaubsreisen bislang etwa 2200 ›Routenpunkte‹ für spätere Gedächtnis-Spaziergänge gesammelt.
Ausflüge nach Teneriffa, Amerika und Jamaika arbeitet Karsten ab, wenn er sich beispielsweise eine Zahlenkolonne merken will. Jeweils zwei Ziffern der Zahlenreihe wandelt er in einen Begriff um. Diesen legt er dann auf einem seiner Routenpunkte ab. So wird etwa die Zahl 12 zur ›Tanne‹, die mental beispielsweise auf der Hängematte am Strand in Jamaika zu liegen kommt. Will sich Karsten später an die 12 erinnern, fährt er blitzschnell im Geiste

nochmals nach Jamaika und holt die Tanne wieder aus der Hängematte.«

Weltrekorde im »Brainwalking« brauchen Sie sicher nicht anzustreben. Aber all die Techniken, die der Gedächtniskünstler Karsten verwendet, sind auch in diesem Buch beschrieben, teilweise in etwas abgewandelter Form (siehe auch »Zahlenreihen speichern« und »Begriffe durch Orte erinnern« aus Kapitel IV). Wenn Sie vieles ausprobiert haben, ist Ihre Erinnerungsleistung wahrscheinlich in einigen Bereichen besser geworden. Sie haben geübt, unterschiedliche Wege zu gehen, Ihre Motivation, Ihre Entspannungsfähigkeit und die Konzentration auf verschiedene Sinneseindrücke zu erhöhen. Auch die Effektivität Ihres Langzeitgedächtnisses durch die unterschiedliche Organisation von Lerninhalten ist vermutlich gestiegen, was Sie überprüfen können, indem Sie noch einmal Ihre Erinnerungsleistungen in den verschiedenen Bereichen einschätzen (siehe Kapitel I). Alle in diesem Buch vorgestellten Methoden lassen sich je nach Bedarf abwandeln und den verschiedenen Umständen anpassen. Und auf ähnliche Weise können Sie normalerweise ein Leben lang, auch im höheren Alter, mit Freude an der Sache weiterlernen, welche Aufgaben auch immer die Zukunft stellen mag.